Martin Hagenmaier

Krise
Apokalypse
Neuanfang

Die Krise ist das menschliche Leben

Bibliografische Informationen der Deutschen Bibliothek

Die Deutsche Bibliothek verzeichnet diese Publikation in der Deutschen Nationalbibliografie; detaillierte bibliografische Daten sind im Internet unter http:/dnb.d-nb.de abrufbar.

© 2022 Martin Hagenmaier

Herstellung und Verlag: BoD – Books on Demand, Norderstedt

ISBN: 9783758365218

Umschlagsbild: Tympanon über dem Eingang der Abteikirche Sainte-Foy in Conques, Frankreich (vor 1130)

Foto: Martin Hagenmaier

INHALT

Vorbemerkung

Predigten gehören eigentlich nicht in ein Buch. Denn erstens sind Predigten gesprochene Worte, zweitens sind sie an eine ganz bestimmte definierte Gemeinde gerichtet. Wenn sie als Buch erscheinen, dann sind sie längst vorbei und die Gemeinde existiert in dieser Form gar nicht mehr. Bei der Durchsicht dieser Predigten fiel mir aber auf, dass gerade die in einer aufregenden Zeit stattfanden. In den letzten Jahren des 20. Jahrhunderts änderte sich unsere *Weltkonstruktion*. Der eiserne Vorhang war gefallen. Der erste *Irakkrieg* fand statt. *Somalia* zerfiel trotz Uno-Einsatz. *Jugoslawien* löste sich unter grausigen Umständen auf. Die *Zuwanderungsdebatte* bewegte die Politik und die ganze neue Republik erheblich. *Innere Sicherheitsfragen* (Kriminalitätsangst) dominierten sogar Wahlen in Hamburg. Die *Moslems* waren ‚plötzlich' da und wurden wahrgenommen. Nahezu unvermittelt gab es eine *kriegerische Zu-Stimmung* für die Bundeswehr zur Wahrung der Menschenrechte ausgerechnet bei den Grünen. Waren das nur Zufälle oder Ausrutscher der Mächtigen?

Die Themen und Perspektiven dieser Zeit waren vielleicht prägender als die Katastrophe vom 11.9. 2001, die „Wirtschaft" 2008, die Migration 2015 und „Corona" 2020. Das Klima war schon damals vorhanden. Der Ukraineüberfall durch Russland 2022 allerdings hat das Zeug, eine neue (leider alte) Zeit einzuleiten.

Alt- und neutestamentliche Texte handeln von individuellen und politischen Krisen. Das zieht sich daher nicht nur, aber auch manchmal sogar ungewollt durch die Predigten. Das menschliche Leben entpuppt sich darin als Krise. Viele Menschen erleben ihr individuelles Leben als Krise, wie die vielen Krankschreibungen wegen psychischer Probleme deutlich machen.

Ein paar Blicke auf eher weniger öffentlich bekannte kirchliche Arbeitsfelder unterstreichen das. Das Ganze endet mit einer „Zeitungsandacht" nach dem Jahr der „Wirtschaftskatastrophe" zum „Neuen Jahr" 2009 und mit einem Text über die unglaublichen Äußerungen des Patriarchen Kirill zum Ukrainekrieg 2022. Das Leben als Individuum, als Gesellschaft und als Menschheit ist immer in der Krise. Nur die Namen ändern sich. Unter dem Stichwort „Gottvertrauen" ist Predigt stets ein Aufruf zur Bewältigung der allfälligen Krisen.

3. Oktober 1990

Die Nachkriegszeit geht mit einem markanten Datum ihrem Ende zu. Die beiden deutschen Staaten werden vereinigt. Noch vor einem Jahr war es undenkbar und unvorstellbar, an der ehemaligen Staats- und Blockgrenze nicht mit einem gewissen Schaudern entlangzufahren oder sie zu überqueren. Obwohl es mich und meine Familie durchaus sehr interessiert hätte, in die damalige DDR zu fahren, haben wir es immer vermieden. Allein schon der martialischen Grenzkontrollen wegen.

Der Kalte Krieg hatte einen Eisernen Vorhang geschaffen. Die Nachkriegsgrenze hatte viele Familien auseinander gerissen, nachdem ja vorher schon unvorstellbar viele Menschen aus den damaligen östlichen Reichsteilen geflohen waren, in die dann wieder andere aus dem Osten ihres Landes getrieben wurden. Viele Menschen mussten ihr Leben bei dem Vorsatz lassen, den Eisernen Vorhang zu überqueren. In beiden deutschen Staaten gab es eine unerhörte Massierung von Soldaten und Kriegsgerät der beiden Blöcke. Szenarien des Atomkrieges mit Kurz- und Mittelstreckenraketen wurden vor kurzem noch mit Schrecken verbreitet. Beide Seiten ziehen die andere der Aggressivität und holten ihre Motivation aus dem jeweiligen Feindbild des bösen Kommunisten oder Kapitalisten. Oft ging die Furcht um, am Eisernen Vorhang könne ein dritter Weltkrieg entstehen.

Von diesem Ende des Kalten Krieges sind alle überrascht. Die einen hatten bereits die Vorstellung, es könne bald wieder einen einzigen deutschen Staat geben, als reaktionär und gefährlich gebrandmarkt. Andere hatten das Ziel der Einheit zwar auf ihre Fahnen geschrieben, es aber oft lediglich zum Eindreschen auf die andere Seite benutzt. Dritte hofften, dass möglichst alles so bleiben solle, wie es war, damit nicht der schwer erarbeitete Wohlstand in Gefahr geriete. Wieder andere fürchteten die Furcht der Nachbarn im Westen und im Osten vor einem einzigen deutschen Staat. Noch andere fürchteten, durch eine Vereinigung das alte Reich von 1937 zu verlieren, das ihrer Meinung nach immer noch existierte. Nach vierzig Jahren war die Hoffnung gering und die Vorstellung verblasst, was das sein solle: ein deutscher Staat.

Wir alle haben in letzter Zeit so viel von Deutschland gehört, dass es fast schon wieder zu viel war. In den dramatischen Zeiten des letzten Jahres wurde sogar manche Stimme laut, die Grenze von unserer

Seite aus zu schließen. Und dann ging alles ganz schnell, viel schneller, als selbst die Befürworter einer deutschen Einheit das in ihren geheimsten Wünschen geträumt hätten.

Auch jetzt gibt es wieder das ganze bunte Spektrum aller menschlichen Reaktionen. Einige sehen sich bestätigt und den Sieg des westlichen Systems auf der ganzen Linie perfekt. Andere fürchten schwere wirtschaftliche Zeiten für ein vereinigtes Deutschland. Viele Menschen aber, vor allem wer den Krieg bereits bewusst miterlebt hat, empfindet so etwas wie Dankbarkeit für die Überwindung der Folgen des verheerendsten Krieges der Geschichte.

Skeptiker aber sehen eher schon wieder einen neuen verhängnisvollen Nationalismus in Deutschland heraufziehen.

In diesem Gottesdienst geht es nicht um die alten lutherischen Vorstellungen des deutschen Volkes, wie es sie in den 20iger und 30iger Jahren gegeben hat. Damals sprachen vor allem lutherische Theologen vom Volk als der gottgewollten Ordnung auf Erden, durch dessen Führer Gott seinen Willen kundtue. Seither ist viel Wasser die Elbe heruntergeflossen und hat die unseligen Beigaben des Nationalismus hoffentlich abgewaschen. Aber wir müssen uns gerade heute klarmachen: Es hat einmal eine Kirche gegeben, die im Führer Adolf Hitler den sah, den Gott eingesetzt hat, um dem deutschen Volk wieder seine gottgewollte Stellung zu verschaffen.

Wer das weiß, kann glaube ich verstehen, dass viele evangelische Kirchen sich weigerten, mit den Glocken die deutsche Einheit einzuläuten. Es wäre des Geläuts wert gewesen, wenn einzig und allein der große Fortschritt an Frieden in Europa und zwischen den Supermächten und der Abbau der Armeen zu begrüßen gewesen wäre. Die unguten Bande des Nationalismus als gottgegebener Ordnung und die bis zum Anfang des Jahrhunderts enge Verbindung von Thron und Altar in Deutschland werfen bis heute ihre Schlagschatten.

Es ist im Allgemeinen nicht bekannt oder nicht genug ins Bewusstsein gedrungen, dass sich die Evangelische Kirche als ganze erst im Jahre 1985 in einer Denkschrift zur freiheitlichen Demokratie positiv gestellt hat. In den vierzig Jahren vorher hatte sie zwar immer wieder zu einzelnen politischen und ethischen Fragen öffentlich Stellung genommen, mit dem größten Echo in der sogenannten "Ost - Denkschrift". Aber erst 1985 wurde gewissermaßen offiziell die lutherische Obrigkeitslehre abgeschafft oder doch zur Diskussion freigegeben.

Wenn wir heute dankbar sein können, dann sollten wir auch wissen, was wir tun. Einige der markantesten Eckpfeiler der Entwicklung in Deutschland und Europa liegen gar nicht in Deutschland. Zu nennen wären etwa der heutige russische Staatspräsident, die Entspannung in den 80iger Jahren, an die schon niemand mehr geglaubt hatte, und dann natürlich die Grenzöffnung in Ungarn. In der Theologie gab es eine Lehre, die vom verborgenen Wirken Gottes sprach. Sollte es sich so gezeigt haben? Auch die Ostpolitik der bundesdeutschen Regierung nach 1969, ja auch schon in den 50iger Jahren in zaghaften Ansätzen, wäre da zu nennen.

Ein weiterer Pfeiler ist die Kirche in der DDR gewesen. Auch das gerät fast schon wieder in Vergessenheit. Die großen Demonstrationen in Leipzig und anderswo gingen von Gottesdiensten aus. Menschen, die sich nicht länger unterdrücken lassen wollten, sammelten sich zuerst in kleiner Zahl seit zehn Jahren und länger in Kirchen zum Friedensgebet. Kirchengemeinden, die ihrerseits nicht gerade frei von Repressalien waren und auch unter den staatlichen Übergriffen leiden mussten, schufen Raum für Andersdenkende. Manchmal standen sie - so hatte es den Anschein von hier aus - sogar im Gegensatz zur eigenen Kirchenleitung.

Zum ersten Mal in der deutschen Geschichte - abgesehen von einigen markanten Einzelkämpfern wie Dietrich Bonhoeffer oder Thomas Müntzer oder Teilen der bekennenden Kirche - folgten viele Christen nicht mehr dem Satz des Paulus: "Seid untertan der Obrigkeit, denn sie ist von Gott." (Röm 13) Es muss ihr Glaube gewesen sein, der ihnen den Mut gegeben hat, ihre Gesundheit, ihr leidliches Auskommen und ihren inneren und äußeren Frieden aufs Spiel zu setzen.

Zum ersten Mal in der Geschichte bedurfte es keiner Gewehre. Es war ja zu Beginn der Gebete am Montag und an anderen Tagen nicht sicher, dass nicht die Staatsmacht zu Gewehren und schlimmerem greifen würde. Das Ohr des Staates war allgegenwärtig, um unliebsame Personen auszusondern und unrecht zu verurteilen. Dennoch erwiesen sich die Gebete als stärker. Die Macht des mutigen Wortes aus dem Glauben an die Gnade Gottes ist in vielen Predigten der damaligen Zeit lebendig.

Eigentlich müssten wir uns in unserer so gehätschelten und reichen Kirche das wie einen Spiegel vorhalten lassen. Welche Auseinandersetzungen gab es in unserer Kirche, als einige Christen meinten, das Gebot der Nächstenliebe auch auf die zwischenstaatliche Ebene übertragen und sich öffentlich und deutlich für Abrüstung aussprechen zu müssen. Den Kirchen und den Pastoren wurde das Mandat dafür abgesprochen, sich in politischen Fragen mit ethischem Hintergrund zu engagieren. Auch in unserer Nordelbischen Kirche bildeten sich damals Gruppen mit unterschiedlicher Ausrichtung, die heute noch bestehen.

Bevor wir also lauthals die deutsche Einheit begrüßen, sollten wir auf ihre Wurzeln schauen. Befreiung wurde nur durch Glauben möglich. Es war nicht nur der Wunsch danach, nun freien Zugang zum wirtschaftlich interessanteren Teil Europas zu haben. Die Freiheit der Reise und der Bewegung und Begegnung scheint auch nur ein Symbol dafür zu sein, dass Gott den Menschen frei geschaffen hat, damit er lebe.

Beim heutigen Datum geht der Blick aber noch weiter zurück: Deutschland, wie immer es in Zukunft heißen mag, war noch nie so wie von heute an. In diesen Grenzen hat es Deutschland noch nie gegeben.

Dieses neue Deutschland folgt einem Staat nach, der mit Größenwahn und Menschenverachtung einherging. Dass es zur gleichen Zeit andere Staaten mit ähnlicher innerer Ausrichtung gab, kann dabei nicht zur Entschuldigung dienen. Dieser Staat war ein Staat der Ordnung durch Vernichtung. Viele Begriffe fügte er dem Wörterbuch des Unmenschen hinzu. In Büchern können wir heute noch nachlesen, dass Ideologen damals von der Aufartung des deutschen Volkes sprachen, das allen Ballast in seiner Mitte vertilgen muss. Und dieses Werk wurde gründlich begonnen. Die Welt wurde in Deutsche und in Untermenschen eingeteilt.

„Die Liebe sei ohne Falsch. Hasst das Böse und hingt dem Guten an. Die brüderliche Liebe untereinander sei herzlich. Einer komme dem anderen mit Ehrerbietung zuvor. Seid nicht träge in dem, was ihr tun sollt. Seid brennend im Geist. Dient dem Herrn. Seid fröhlich in Hoffnung, geduldig in Trübsal, beharrlich im Gebet. Nehmt euch der Nöte der Menschen an. Übt Gastfreundschaft. Segnet, die euch verfolgen, segnet und fluchet nicht. Freut euch mit den Fröhlichen und weint mit den Weinenden. Seid eines Sinnes untereinander. Trachtet nicht nach hohen Dingen, sondern haltete euch herunter zu den geringen. Haltet euch nicht selbst für klug. Vergeltet niemand Böses mit Bösem. Seid auf Gutes bedacht gegenüber jedermann. Ist's möglich, soviel an euch liegt, so habt mit allen Menschen Frieden. Rächt euch nicht selbst,

meine Lieben, sondern gebt Raum dem Zorn Gottes.... Lass dich nicht vom Bösen überwinden, sondern überwinde Böses mit Gutem."

Bei aller Freude über die Vereinigung der beiden deutschen Staaten: Dieser neue Staat wird nun auch die gesamte Verantwortung für die Vergangenheit übernehmen. Und der Staat, das sind wir, die einzelnen Bürger dieses Staates mit ihren jeweiligen Bindungen in Gruppe, Glauben und Weltsicht. Es wird darauf ankommen, wie wir nun miteinander umgeben ... wie Fremde bei uns Aufnahme finden, wie unsere Nachbarn zu unseren Freunden werden oder solche bleiben.

Was bei all den stürmischen Entwicklungen der letzten Monate herausgekommen ist, das ist nicht die Rückkehr zu alter Größe. Es war keine Größe, was da im Dritten Reich ablief! Das ist nicht endlich der Sieg über die bösen Kommunisten oder Stalinisten: Diesen Sieg haben die Menschen in den betroffenen Gebieten selbst errungen! Das ist nicht der Sieg der glitzernden Konsumwelt über eine eher triste Sozialismusvariante: Die Schatten der Konsumwelt beginnen sich bereits zu entwickeln. Es ist herausgekommen die Sehnsucht der Menschen nach einem Leben in Freiheit und ohne Unterdrückung durch allmächtige Staatsorgane.

Herausgekommen sind dadurch neue Aufgaben, diese Freiheit des Menschen, die keinen anderen Grund kennen kann als den, dass Gott freie Menschen und nicht Untertanen geschaffen hat, zu entwickeln und zu schützen. Staat, das bedeutet nicht mehr Größe und Macht zum höheren Glanz eines Führers. Staat, das bedeutet heute die Schaffung und Bewahrung von Freiheit. Alle Einschränkungen, die durch Gesetze geregelt werden, können nur damit begründet werden. Es gibt keine Macht mehr an sich. Woher sollte sie auch kommen? Macht an sich hat niemand außer Gott. Es gibt nur noch die Beauftragung nach dem Recht, weil prinzipiell der einzelne nur noch im Ausgleich mit der Gemeinschaft und umgekehrt leben kann.

Wir alle stehen in dieser Welt vor der Frage, wie es möglich sein wird, Freiheit zu bewahren, gut zu leben, und doch die Umwelt so zu schützen, dass auch Generationen nach uns noch leben können. Die Bewahrung der Schöpfung scheint neben der Freiheit und Gerechtigkeit das Hauptaufgabegebiet in diesem neuen Staat zu sein. Für diese Fragen aber gibt es keine Grenzen mehr. Unser neuer Staat liegt in Europa und Europa ist Teil der Welt. Für alles, was in diesen Vernetzungen geschieht, sind auch wir mit unserer neuen Republik mit verantwortlich.

Viele in dieser Welt freuen sich mit uns. Gerade weil von einem deutschen Nationalstaat viel Unrecht und Schrecken ausgegangen ist, wird die Ausstrahlung, die wir jetzt haben, besonders bemerkt werden.

Sollte es möglich sein, sich jetzt neben dem Grundgesetz auf ein Fundament zu besinnen, das alle Menschen für die Zukunft akzeptieren können? Es kann für Geschäfte ebenso gelten wie für Politik oder für das Leben in der Gemeinde und Kirchengemeinde. Wenn viele der Menschen, die den neuen Staat bilden, sich das zu Herzen nähmen, was Paulus in Römer 12 über das Zusammenleben der Menschen sagt, dann könnte sich auch eine neue Politik herausbilden, die endgültig die alte Schuld abträgt und alle Ängste vor einer Rückkehr alter Zeiten überwinden hilft:

Wenn eine Kirche in Deutschland, wenn Christen in dieser Kirche eines einbringen können in den neuen Staat, dann dies. Es erübrigt sich dann Rechthaberei und Beharren auf dem Hergebrachten. Unser neuer Staat wird nicht der alte sein, auch wenn seine Gesetze weiter gelten und seine Regierung weiter regiert. Weil alle Bürger zusammen den Staat ausmachen, wird es ein ganz neuer Staat sein. Vielleicht kann man eines Tages merken, dass in diesem Staat viele Christen leben, denen die Ehrfurcht vor dem Mitmenschen und der Schöpfung Leitfaden für den Alltag ist.

Für das Zusammenwachsen der Kirchen in Deutschland wäre dieser Grundsatz ganz besonders nötig, damit nicht die ganze Erfahrung der Kirche, die täglich neu um ihre innere und äußere Existenz ringen muss, einfach im Drang der Geschäfte verloren geht. Aus der Erfahrung der Kirchen in der ehemaligen DDR können wir als satte Kirchen in der ehemaligen Bundesrepublik besonders viel lernen. Lernen vom Vertrauen auf Gott.

Predigt am Reformationstag

Immerhin wusste eine Konfirmandin gestern im Unterricht darüber Bescheid, was für ein Tag es ist, der 31. Oktober. Bald 500 Jahre nach dem Thesenanschlag an der Wittenberger Schlosskirche wissen nicht mehr so viele mit der Reformation etwas anzufangen.

Das Ganze wird als ein merkwürdiges Religionsdatum abgelegt, wenn überhaupt noch registriert. Die Reformation aber steht am Anfang der Entwicklung, von der wir nicht wissen, ob sie heute vielleicht zu Ende geht. Sie befreite die Menschen von der Unterordnung unter kirchliche Autoritäten unter Berufung auf nichts als die Bibel. Die damals neue Glaubensform hieß evangelisch, weil sie sich auf das Evangelium berief. Es war eine Art Fundamentalismus im Gegensatz zu den kirchlichen Traditionen, die sich die Kirche nach ihrem Gusto zurechtgeschustert hatte.

Jetzt war plötzlich der einzelne Mensch gefragt, sein einzelnes Gewissen und sein einzelner Glaube. Es reichte nicht mehr, einfach der Kirche zu glauben. Die Kirche sollte wieder sein, was einmal ihr Ziel war: Eine Institution, in der das Evangelium weitergesagt und ausgelegt wird. Glauben sollte jeder Mensch selbst. Zeuge des Glaubens sollte jeder Gläubige selbst werden. Nichts konnte mehr der Institution Kirche und ihren Funktionären überlassen bleiben. Und es sollte auch keine verschiedenen Stände mehr unter den Menschen geben, wenigstens nicht in der Kirche. Und damit begann auch die neuzeitliche Freiheit des Einzelnen. Die Reformation brachte kühne Ideen der Freiheit hervor. Die Durchsetzung der Ideen dauerte lange Zeit.

Eine Grundidee hieß: Jeder Mensch ist in seinem Glauben von Gott so angenommen, wie ein Kind von seiner Mutter oder seinem Vater. Gott bietet Rückhalt selbst dann, wenn Menschen nur unvollkommen handeln. Er lässt nicht ab, die Menschen selbst dann noch zu lieben, wenn sie ihn verlassen. Von daher bekommt jeder Mensch das, was in unserem Grundgesetz steht: eine unantastbare Würde, selbst dann noch, wenn er irrt oder sich gegen die Würde vergeht.

Wahrscheinlich haben einige Menschen daran geglaubt. Daran gehalten haben sich aber längst nicht alle. Noch die friedliche Revolution in der damaligen DDR kann als späte Frucht der Freiheit der Gewissen verstanden werden. Wie schwer es sein kann, das ist das Thema der heutigen Reformation.

Niemand also kann mir meine Würde nehmen und niemand kann mir vorschreiben, was ich zu tun oder zu lassen habe. Aus dem Glauben allein kann diese grundlegende Würde entstehen. Denn in der Wirklichkeit sieht es ganz anders aus: Wenn ich meine Gedanken frei loslasse, können sie mir selbst und anderen sehr schnell bedrohlich werden. Sie werden regiert von mancherlei Gefühlen positiver und negativer Art. Mein Horizont ist bei bester Ausbildung und Bildung beschränkt und mein voller Bauch ist mir näher als andere vielleicht leere Bäuche. Da kommen Aggressionen ebenso zum Vorschein wie Liebe und Zuneigung. Und wenn ich einen Fehler gemacht zu haben glaube, kann ich mir nicht einmal selbst die volle Würde des Menschen zusprechen.

Und dann erst die anderen. Wenn wir frei geworden sind, stoßen wir immer wieder auf andere, die ziemlich störend für die eigenen Freiheitsgefühle wirken. Sie konkurrieren mit mir um denselben Kunden, dieselbe Arbeit, den Platz am Strand. Sie wollen neben meinem Haus ihres bauen oder sie kommen, weil sie von unserem märchenhaften Reichtum gehört haben, von einem Land, in dem es mehr für alle gibt, als es je in der Geschichte der Menschheit gegeben hat.

Statt Würde und Achtung ernten die anderen meinen Zorn, weil sie meine Freiheit und die Freiheit der mir nahestehenden Menschen einschränken. Manchmal reicht dazu schon allein die Einbildung einer Einschränkung aus.

Wie die Reformation gelehrt hat, dass die Barmherzigkeit und Liebe Gottes gegenüber den Menschen unteilbar sind, so ist auch die Würde des Menschen, die daraus entsteht, unteilbar. Entweder ich glaube an die Würde des Menschen, dann gilt sie allen. Oder ich nehme sie nur für mich, dann schlägt sie um in Hochmut.

Unsere Aufgabe heißt: den Glauben an die unteilbare Liebe Gottes und die unteilbare Würde des Menschen und der ganzen Schöpfung erneuern. Wer heute die Fremden missachtet und Gewalt gegen sie ausübt oder still duldet, denkt wahrscheinlich nicht daran, dass es seine Kinder treffen kann oder die Nachbarn. Die Würde des Fremden ist der Prüfstein für die Würde des Menschen. (Natürlich können wenige reiche Länder nicht die Probleme der ganzen Welt lösen. Aber das ist eine andere Frage.)

Auf meinen, auf deinen, auf den Glauben eines jeden Menschen kommt es an. Das kann man niemand anderem überlassen. Würde verteidigen oder Liebe zum Nächsten leben bringt aber keine Selbstaufgabe mit sich. Vielmehr gehört es zur Vielfalt des Lebens unter der Liebe Gottes, seine Gaben zu entwickeln und einzubringen.

Martin Luther hat sich nicht gescheut, vom Teufel zu reden. Die Wartburgbesucher haben seit Jahrhunderten einen immer wieder erneuerten Tintenfleck von der Wand gekratzt. Der soll einst dadurch entstanden sein, dass Luther sein Tintenfass nach dem aus der Wand kommenden Teufel geworfen hat. Der Teufel ist der, der die Barmherzigkeit und Liebe Gottes zerstört. Immer wieder kommt es von innen und von außen: Du brauchst dich nicht um die anderen zu scheren. Setz dich alleine durch. Wer dir nicht folgt, besitzt keine Würde. Wer dich stört, erst recht nicht. Wer an anderen Dingen Freude findet als du, hat kein Recht auf deinen Respekt. Und schon wird anstelle der Gewissen die Zunge geschärft.

Der Reformator hat seinen Zeitgenossen eingebläut: Die Liebe Gottes und seine Barmherzigkeit erfordern eine tägliche Selbstprüfung und ein tägliches Training darin, das zu suchen, was zum Leben führt und das zu erkennen, was es zerstört. Dazu gehörten für ihn das Gebet und das Bibellesen – nicht, um ein besserer Mensch zu werden, sondern um die Botschaft von der Liebe Gottes nicht untergehen zu lassen im Gewirr des Alltags und unter den teuflischen Attacken der lieb- und würdelosen Kräfte der Zerstörung von Leben.

- das war früher ein Heldengedenktag. Das Vaterland ehrte seine Helden, für die es eigens Denkmale aufgestellt hatte. Ein alter Tag ist er nicht, dieser Volkstrauertag. Es gibt ihn nicht einmal seit hundert Jahren. Doch aus dem Heldengedenktag wurde ein Volkstrauertag. Immer noch legen wir Kränze an den Ehrenmalen nieder, die die Namen der gefallenen Soldaten enthalten. Aber diese Kranzniederlegung hat stellvertretende Funktion. Sie bedeutet Gedenken an alle Opfer der beiden Weltkriege stellvertretend für alle Opfer von Kriegen und Gewalt unter uns Menschen allgemein. 47 Jahre nach Kriegsende leben noch viele Betroffene unter uns. Die Biographien unserer Väter und Großväter, Mütter und Großmütter, die eigenen Biographien sind davon tief beeinflusst. Und täglich kommen weltweit Massen von neuen Betroffenen hinzu.

Die Optik hat sich gewandelt. Heute könnte man nicht von Kriegsopfern sprechen, ohne beispielsweise an die Frauen zu denken, die den Krieg unter erbärmlichsten Umständen erleben mussten, frierend und hungernd und im Ungewissen, was die Männer an- oder ausrichten werden. Sie brachten ihre Kinder durch den Krieg und bangten oder trauerten um ihre Männer, Brüder, Söhne und Väter. Und nach den Kriegen bauten sie wieder auf - wo ist ihr Denkmal? Unter den Opfern waren nicht nur Soldaten. Soldaten waren zahlenmäßig die wenigsten der Opfer. Trauern bedeutet erinnern an das, was unter Menschen passieren kann.... Wir brauchen eigentlich gar keine Erinnerung. Täglich bekommen wir Bilder über Kriege frei Haus geliefert und das in x verschiedenen Programmen. Zerfetzte Menschen, blutüberströmt, im Hintergrund die Geräusche von Gewehrsalven oder Granateneinschlägen, das ist das tägliche Brot der Fernsehnachrichten. Abgemagerte und hungernde Menschen, voll Hoffnung oder schon apathisch, vergewaltigte Frauen und verstörte Kinderaugen, Fluchtversuche live - Soldaten und Panzer sieht man kaum im bosnischen Inferno.

Die westliche und die östliche Welt hatte gehofft, es würde nie wieder einen richtigen großen Krieg geben, und dennoch ihre schrecklichsten Waffen gebaut und bereitgehalten. Jahrzehntelang standen sich feindliche Blöcke bis an die Zähne gerüstet gegenüber. Ihr Potential reichte und reicht zur Vernichtung der Menschheit aus. Nie wieder Krieg, war eine oft gehörte Botschaft. Vielleicht auch eine Sehnsucht, von manchen mehr zähneknirschend mitgesprochen, so jedenfalls schien es oft. Der Mensch ist böse und kann keinen Frieden halten, deklamierten nicht zuletzt auch fromme Menschen, z.T. aus Erfahrung, z.T. aus Ideologie, z.T. aus Bequemlichkeit. Als Beweis dienten die bösen Feinde, die je nach Standpunkt auch als verblendete oder irregeführte Individuen betrachtet wurden. Im Inneren und Äußeren diente der Feind als Alibi für harte Maßnahmen und Rüstung. Sogar die nukleare Abschreckung sollte der Sehnsucht nach Frieden dienen. Dahinter steckte Angst vor der Verwundbarkeit, die sich dazu steigerte, in der Nuklearstrategie immer neue Fenster der Verwundbarkeit zu entdecken.

Dann löste sich etwas, der Ostblock zerfiel und mit ihm die Furcht vor dem Dritten Weltkrieg. Kaum aber schien der Frieden näher gerückt, machten sich Verwerfungen bemerkbar, dass der Menschheit Hören und Sehen verging. Konnte man noch vor wenigen Jahren die Auseinandersetzungen mit kriegerischer und terroristischer Gewalt als Ausdruck des einen großen Gegensatzes und als Kampf der Ideologien verstehen oder verschleiern, so traten nun plötzlich nackte Interessen ans Tageslicht. Fundamentalismus, Großmannssucht, oder kleinlicher Streit um Gebiete kostet jetzt Menschen wieder das Leben und die Gesundheit. Und wieder haben die Interpreten Hochkonjunktur, die dem Menschen ein böses Wesen anhängen. Und wieder fängt es an, dass wir sagen: Da sind die bösen anderen, die keine Kultur haben und unsere friedliche Welt bedrohen. Und wieder wächst daraus Gewalt. Noch hält sie sich in einem bestimmten Rahmen und doch starrt schon wieder alles abgestoßen und fasziniert zugleich zu, wie Menschen gejagt werden, mitten in unserem friedlichen Deutschland.

Auf welchem Boden ist solche Gewalt gegen unschuldige Andere gewachsen, die sogar vor jüdischen Gräbern nicht Halt macht? Die neue Offenheit der Grenzen schafft eine Grenze in den Herzen, so als ob Menschen, die von überall her zu uns strömen, uns unseren Wohlstand rauben wollten. Doch wer kann es ihnen verdenken, dass sie ihr ganzes Leben einsetzen, um in ein Land zu kommen, in dem nach den Gerüchten auf der Erde Milch und Honig fließen? Im Umgang mit ihnen sollte der Verstand und das Herz seinen Platz einnehmen, nicht die Gewalt. Es scheint ja so, als ob sich zur Zeit die Menschen an die Öffentlichkeit trauen, die der Gewalt und dem Rassenhass eine Absage erteilen.

Ja es ist notwendig, einen Tag zum Trauern zu haben. Trauern ist nicht nur erinnern. Trauern ist auch in sich gehen und sich fragen:

Was hält mich eigentlich am Leben, was gibt mir Frieden und wie lässt sich die Sehnsucht nach Frieden sich in die Tat umsetzen? Wir haben ja heute den schönen Ausdruck aus der Sportszene, der sich auch hierauf anwenden lässt: Frieden fängt im Kopf an! Und so einfach dieser Spruch scheint, so richtig ist er auch! Frieden fängt in meinem Kopf und in meinem Herzen an. Und ich kann ihn nicht in den Kopf oder das Herz des anderen hineinprügeln oder hineinschießen! Frieden kommt nicht von selbst, sondern er wird genau wie der Krieg und der Unfrieden, von Menschen gemacht. Deshalb liegt ihm wie allem anderen, was unter Menschen geschieht, nicht nur das zugrunde, was ich weiß, sondern vor allem das, was ich glaube. Kann ich also daran glauben, dass Menschen Frieden halten und schaffen können oder lebt meine Seele von der Auseinandersetzung und dem Unfrieden?

Die Wirklichkeit des Daseins zeigt es, dass sich unsere Glaubensvorstellungen immer wieder für uns bestätigen. Was ihnen widerspricht, blenden wir aus. Nur ganz schwer finden wir aus diesem inneren Kreisverkehr heraus. Aber es gibt auch Bespiele fürs Herausfinden: Der ehemals als böser Feind gehandelte Russe wurde in den letzten zwei Jahren das Ziel großer Hilfsbereitschaft und wird es wohl auch noch einige Zeit bleiben. Da wurde plötzlich der Mensch im anderen entdeckt und empfangene Hilfe weitergegeben. Wer weiß, ob nicht einzelne Menschen mit ihrer Politik der Versöhnung diesen Umschwung bewirken konnten. Diese Menschen handelten nach ihrem Glauben, dass Frieden möglich ist und weniger nach der Realität, die nur dazu angetan war, die Zeichen des Unfriedens zu verlängern. Sie hatten und haben ernsthafte Gegner.

Ein Tag der Volkstrauer ist der Volkstrauertag nicht mehr. Die meisten Menschen können ihn nicht sinnvoll begehen. Die Kranzniederlegungen an den Ehrenmalen könnten auch als Alibi missverstanden werden. Damit wir uns nicht mit den Problemen des Friedens einzulassen brauchen. Immer noch werden auf dieser Erde massenhaft Rüstungsgüter produziert. Ich weiß nicht, ob die Zahl noch stimmt: Jährlich verschlingt die Rüstungsproduktion 1000 Milliarden Dollar. Wie vielen Menschen kostet dieser verquere Einsatz von Geld, das man zum größten Teil auch zur Hungerbekämpfung ausgeben könnte, das Leben, ohne dass eine Waffe benutzt wird? Die große Materialschlacht des Golfkrieges ist schon fast vergessen. Da wurde gezeigt, was Menschen leisten können an Einsatz und Präzision. Warum geht das nur für den Krieg? Da hat ein Präsident die Formel von der neuen

Weltordnung geschaffen. Die Formel ist in der Welt, die neue Ordnung aber nicht.

Wir begegnen nicht dem weltweiten Untermenschen, wenn wir uns nach der Wirklichkeit des Friedens in dieser Welt fragen. Wir begegnen dem, was Menschen tun und lassen, wozu sich Menschen hinreißen lassen und wozu sie sich aufraffen. Da sind wir gefragt mit dem, was wir glauben und worauf unser Leben zielt. Das Gedenken muss zum Bedenken werden. Die eigenen Ängste und bösen Möglichkeiten zu verleugnen und weg zu schieben und sie dann in den anderen zu bekämpfen, kann nicht der richtige Weg sein.

Paulus trägt zu unserer Frage nach dem Menschen einiges bei. Sein Blickpunkt scheint zunächst ein anderer. Die Leiden dieser Zeit fallen nicht ins Gewicht gegenüber der Herrlichkeit, die an uns offenbart werden soll. Damit wurden Generationen von Menschen vertröstet. Die Welt als Jammertal zu sehen rechtfertigte manchen in seiner starrsinnigen Haltung, mit der er anderen schadete oder als Unterdrücker wirkte und manch anderen, der alles über sich ergehen ließ und es weitergab. Die Leiden dieser Zeit, die wir täglich ins Haus geliefert bekommen, sie werden einer ganz anderen Wirklichkeit weichen. Wir werden nämlich frei werden von der Vergänglichkeit, der die ganze Schöpfung unterworfen ist. Wir ängstigen uns und seufzen unter der Vergänglichkeit und hoffen auf die Erlösung unseres Leibes.

Vergänglichkeit des Leibes und Freiheit der Kinder Gottes -- darin steckt mehr als die Hoffnung auf ein geglücktes Jenseits. Der Schatten der Vergänglichkeit in unserem Leben, das sind all die Dinge, über die wir uns heute Gedanken machen. Da geht es um eine Vergänglichkeit, die der Mensch dem Menschen absichtlich zufügt, indem er aus den vielfältigen Möglichkeiten des Bösen schöpft. Die menschengemachte Vergänglichkeit basiert nicht immer auf der Idee der Vernichtung des anderen um der Vernichtung willen. Sie entspringt vielmehr der in Deutschland so schlimm zum Vorschein gekommenen Endlösungsmentalität. Wenn erst einmal dieser andere Böse beseitigt sein sollte, dann können wir endlich in Frieden leben. So oder ähnlich lauten die Argumente auch heute für Krieg und Vertreibung, Folter und Mord.

Christen glauben: Es gibt eine andere Zukunft, als die, die wir herbeiführen können. Die herrliche Freiheit der Kinder Gottes ist das ganz andere Leben, in dem der eine Mensch nicht mehr auf Kosten des anderen leben muss. Da haben alle das, was sie brauchen: Leben und volles Genügen. Diesen Traum oder Glauben herstellen zu können, haben viele in der Menschheitsgeschichte mit der Endlösungsstrategie versucht. Das letzte Experiment liegt nur wenige Jahre hinter uns und hatte die ganze östliche Welt im Griff. Im Namen der besseren Zukunft wurden Menschen gequält, bespitzelt und unterdrückt. Manche dachten, nach dem Fall des real existierenden Sozialismus breche nun das allumfassende kapitalistische Konsumparadies an. Auch das bringt wieder Hass und Gewalt mit sich, vielleicht aus Enttäuschung.

Immer wieder geht unser Glauben davon aus, dass wir den Traum nicht herstellen können und trotzdem an ihn glauben und ihm entgegenarbeiten. Den Traum, dass eines Tages das ängstliche Harren der Kreatur aufhören kann und in eine friedliche Schöpfung mündet, die Gott herbeiführt. Im Glauben aber beginnt bereits die Freiheit. Wo wir an die unendlichen Möglichkeiten des Friedens glauben, wirkt der Heilige Geist als Geist der unendlichen Wege von Versöhnung und des unendlichen Atems der neuen Schritte. Und so träumen wir unseren Traum nicht in der Ferne von der Geschichte, nicht in der Ferne gegenüber den Brutalitäten bei uns und anderswo. Gedenken heißt also nicht nur erinnern, dass einmal Böses war, sondern in den uns betreffenden Auswirkungen der bösen menschlichen Möglichkeiten den Traum vom Frieden und von der Erlösung träumen. Eines Tages wird Frieden sein. Gott schafft Frieden nach seinem Versprechen und nach seiner Art: nicht mit Macht und Gewalt, sondern mit dem unendlichen Atem der Barmherzigkeit. Und genau diesem Traum, der sich in unserem Glauben an die Person von Jesus Christus gebunden hat, gestehen wir mehr Kraft zu als allen Realitäten in dieser Welt. Wer so träumt und nicht nach dem Satz verfährt, dass Träume Schäume sind, der kann an seiner Stelle zur Überwindung der immer neuen Geburten der Gewalt beitragen. Manchmal reicht dazu schon die Abwehr der Angst und des Hochmuts im eigenen Herzen. Der Frieden und das Leben braucht viele, die daran glauben gerade und ausdrücklich mitten drin in den oft zur Würdelosigkeit neigenden Wirren des Alltags.

(Normaler Weise sträuben sich mir die – zu wenigen vorhandenen - Haare, wenn ich von ‚Sondergottesdiensten' für bestimmte Gruppen höre und das auch noch für Jäger. Außerdem ist das eine rein katholische Aktion mit einem ziemlich absurden ‚Heiligen'! Da die Jäger aber so freundlich und einladend vorbereiteten, bereute ich mein Mitwirken schließlich doch nicht.)

Von Ihren Jagderlebnissen auf der Hubertusjagd habe ich gestern einiges gehört. Das Wetter war schlecht. Die Strecke wurde zum Teil so beurteilt, dass man nicht alles so ernst nehmen muss. Außerdem soll es bei der Hubertusjagd auch so sein, dass einige Tiere Glück haben. Mir ging so durch den Kopf, wie das wäre, wenn ein ganzes Dorf oder eine halbe Stadt von der Jagd leben müssten.

Wir haben uns heute zu einem besonderen Gottesdienst versammelt. Als besondere Gruppe der Jäger und aller, die sich für die feierliche Stimmung interessieren. Die Menschen hatten sich nach unseren heutigen Erkenntnissen zunächst als Jäger und Sammler in der Natur eingerichtet. Da waren sie noch den Tieren sehr nahe und wohl sehr viel mehr ein Teil der Natur.

In jenen Zeiten brauchte man keine Schrift. Aber dennoch haben die Jäger und Sammler aus jenen Zeiten vor 15000 und mehr Jahren bewegende Dokumente hinterlassen. In Höhlen fanden staunende Neuzeitler wunderbar und oft farbig dargestellte Tiere an den Felswänden. Man fragte sich, was diese Darstellungen sollten, hielt man doch die Menschen in jenem Zeitalter für ziemlich kulturlos. Aber nach einiger Zeit kamen die Forscher auf die Idee, dass vielleicht eine Auseinandersetzung mit der Jagd bei den Höhlenmalereien und -zeichnungen eine Rolle gespielt haben könnte. Die Menschen bannten ihre Beutetiere mit schönen Farben auf die Wand, um ihrer so vielleicht in einem religionsähnlichen Zauber besser habhaft werden zu können. Beute zu machen war für sie überlebenswichtig. Die Tierpopulation in der Natur hing nicht von ihrem Zutun ab. Wie man aus unserer Gegend weiß, folgten die Rentierjäger in den Zwischeneiszeiten den Herden im Sommer nach Norden bis zu den Rändern des Eises. Das Gegenüber von Mensch und Tier war ausgeglichen. Der Mensch musste sich erst als stärker, schneller oder geistig überlegen erweisen. So versuchte er offenbar, seine Nahrungsgrundlage in der Natur durch Beschwörung zu erhalten oder gar zu vermehren. Es lag in seinem Interesse, große Herden von Beutetieren in erreichbarer Nähe zu wissen.

Auch in jener Zeit gab es bereits Freundschaften zwischen Mensch und Tier. Hunde als Jagdgehilfen und Gefährten, Herden als Nutztiere für Milch und Wolle und Tiere zur Fortbewegung konnte der Mensch an sich gewöhnen. Menschen begannen, alles um sich herum mit Namen zu versehen und so den Überblick zu gewinnen. Im Alten Testament wird in der Schöpfungsgeschichte erzählt, dass für den ersten Menschen ein Gefährte gesucht worden sei. Gott habe Adam alle Tiere vorgeführt und Adam habe allen Tieren Namen gegeben. Doch ein richtiger Gefährte, der ihm völlig gleich sei, sei nicht dabei gewesen. Daraufhin habe Gott schließlich ein zweites menschliches Wesen geschaffen. Doch schon im Mythus hat das Tier seinen Platz gleich neben dem Menschen.

Als jedoch der Ackerbau Sesshaftigkeit mit sich brachte, kam eine merkwürdige Feindschaft zwischen Tier und Mensch auf. Der Mensch achtete auf seinen Acker und schränkte den Lebensraum der Tiere ein, je mehr er sich ausdehnte. Die wilden Tiere mussten dem Menschen als immer größer werdender Population weichen. Ganz ohne Jagd und nur durch Vermehrung der eigenen Art, durch Raubbau an der Natur und Einschränkung des Lebensraums sind viele Tierarten heute vom Aussterben bedroht. Wenn das so weitergeht, wird es bald auch keine Tiere zum Jagen mehr geben. Nur einige Kulturfolger können sich bis in die Städte hineinretten und sogar vermehren. Die nichtkultivierten Gebiete schrumpfen immer mehr. Jagen dient nicht mehr der Ernährung.

Eins ging den Menschen beim Jagen schon immer durch die Seele. Jagen heißt töten. Deshalb haben die Jäger in den religiösen Riten nicht nur die Tiere gebannt, sondern auch die Götter besänftigt. Götter bekamen von den erlegten Tieren die besten Stücke - wahrscheinlich aßen sich die Priester daran satt. So war den Menschen durchaus immer bewusst, dass das Töten kein reiner Spaß ist, sondern die andere Seite des Jagens. Der religiöse Tanz vor und nach der Jagd diente der Besänftigung und Beruhigung der durch das Töten des Tieres hervorgerufenen Schuld.

Heute denken viele Zeitgenossen schlecht über das Jagen. Andererseits aber ergötzen sich ebenso viele an der Gewalt im Film. Wer am Morgen mit dem Auto fährt, findet stets auf der Straße sinnlos getötetes Niederwild wie z.B. Kaninchen. Und was ist schon die Jagd im

Gegensatz zum massenhaften Töten in unseren Schlachthöfen, bei dem sich niemand etwas denkt. Bei der Jagd hat das Tier eine gewisse Chance, seinerseits ein Gespür zu entwickeln oder den Jäger durch eine besondere Stimmung am Morgen oder Abend milde zu stimmen. Bei der Fleischerzeugung durch Massentierhaltung und Großschlachterei gibt es diese Chance nicht. Jagen heißt auch nicht, was die Verbrecher tun, nämlich mit Maschinengewehrsalven alles abmähen, was sich bewegt oder ihnen in den Weg stellt. Solche verbrecherischen Jagdszenen sehen wir heute im Fernsehen aus unserem Nachbarland Jugoslawien.

Jagen dient uns heute nicht mehr zum Lebensunterhalt. Obwohl es mehr dem Freizeitbereich zugehört, ist doch sein Ernst geblieben. Das Jagdfieber wird durch Regeln eingedämmt. Die Schonzeiten werden eingehalten. Und in der Gruppe der Jäger gibt es Gemeinschaft und damit auch ein wenig gegenseitige Kontrolle. Natürlich kommt auch Stolz auf über einen guten Hund oder einen kapitalen Bock. Aber die Jäger müssen heute sehr an der Erhaltung der Schöpfung interessiert sein. In einer Umwelt, in der auch Tiere ihren Raum haben, kann Jagd stattfinden. In einer Umwelt, die vom Menschen völlig dominiert, kultiviert und betoniert ist, kann auch keiner mehr jagen. Der deutsche Spaziergänger wollte sogar - das ist in den letzten Jahren weniger geworden - einen Wald mit gerade Wegen und möglichst wenig Unterholz. Tiere - wenn überhaupt, dann im Gehege als Schmusetierchen.

In einer Umwelt, in der die Nacht zum Tage wird, mit teurer und knapper Energie erleuchtet, kann niemand mehr dem Wild nachspüren, das sich an den Rhythmus der Natur hält. Ein Jäger, der nicht in der Grundidee Heger ist, wird bald keiner mehr sein. Heger sein heißt in diesem Zusammenhang, für den Lebensraum des wilden Tieres eintreten.

Der Umgang mit dem wilden Tier erinnert uns Menschen an unser eigenes Dasein als Geschöpf in dieser Welt. Abhängig vom Rhythmus des Tages und der Nacht, von Essen und Trinken, von Platz für unsere Art zu leben und von der Knappheit der Vorräte. Dazu haben wir in der Lesung ein Stück aus der biblischen Weisheit gehört: (Prediger 3, 1-15) Alles hat seine Zeit: Das Stichwort vom ökologischen Gleichgewicht kommt dieser biblischen Weisheit sehr nahe. Wenn die Natur in Unordnung gerät, kann auch der Mensch nicht mehr leben. Zu den Grundlagen der Natur gehört auch, dass das Leben seine Zeit braucht. Wer's erzwingen will, wer den Rhythmus sich selbst unterwerfen will, statt sich ihm anzupassen, kommt selbst aus dem Gleis. Das weiß jeder von uns wahrscheinlich von sich selbst am besten. Wer wegschiebt, was an der Zeit ist, der muss lange arbeiten, um wieder in den Rhythmus zu kommen. Man mühe sich ab, wie man will, sagt der Prediger, so hat man keinen Gewinn davon. (V9) Wer sich aber in die Zeit einfügt, der merkt, dass es nichts Besseres gibt als fröhlich sein und sich gütlich tun in seinem Leben. Ein Mensch, der da isst und trinkt und hat guten Mut bei all seinem Mühen, das ist eine Gabe Gottes.

So sind wir über der Jagd wieder bei unserem eigentlichen Lebensthema. Wohin geht mein Leben, was ist meine Zeit, wo bin ich dran, wo halte ich mich zurück... . Die Antwort auf diese Fragen muss eine jede und ein jeder selbst erspüren. Über den Umgang mit den Tieren beim Eintreten für ihren Lebensraum und bei der Jagd merken wir unsere Verwobenheit in die Ordnungen der Schöpfung. Deshalb geht der Jäger mit seinem tödlichen Schuss verantwortungsvoll um bis zu der Zeit, in der alles Leben in einen anderen Zustand hinübergeht, wo Mensch und Tier im paradiesischen Miteinander leben und alle ihren Platz gefunden haben.

Daraus aber erwächst nicht nur der Appell, die Gegebenheiten der Natur zu achten und gegen uns selbst zu verteidigen. Dazu gehört auch, das menschliche Miteinander zu fördern. Eine Welt, in der ein Mensch nur noch sich selbst sieht und nur seinen Tellerrand, kann keinen Raum für die große Anstrengung zur Erhaltung der Schöpfung schaffen. Wir Menschen haben die Fähigkeit, uns einzupassen und die Grenzen der Welt wahrzunehmen. Und so müssen wir auch wahrnehmen können, dass unser Tellerrand nicht ausreicht, die Probleme der menschlichen Bevölkerung der Erde zu lösen. Neben der ökologischen Zeit ist heute mehr denn je die Zeit gekommen, Lebensmöglichkeiten zu teilen. Selbst wenn manche, denen es vielleicht nicht zusteht, das Asylgesetz unseres Landes auszunutzen versuchen, so müssen wir uns doch fragen: Wem steht es zu, in Hülle und Fülle, in Ruhe und Frieden zu leben, solange die Welt um ihn herum im Chaos und Hunger versinkt? Wer in Lebensräumen denkt, wird nicht darum herumkommen, zu sehen, wie eng sein eigener Raum mit dem des anderen Menschen verwoben ist. Wir haben nur Glück, in dieser für die meisten glücklichen und friedlichen Zeit zu leben. Wen will es wundern, dass andere, die davon hören, unsere Zustände auch anstreben? Wir Menschen besitzen jeder ein Herz und jeder seinen Verstand, um dafür zu sorgen, dass auch andere leben können. Wie man das politisch umsetzt, danach können wir nicht nur unsere Politiker fragen. Hier ist jeder mit seinen Gedanken und seiner Stimmung wichtig. Oder soll man dieses Feld den Schlägern überlassen?

Alles auf dieser Welt hat seine Zeit: "Ich merkte, dass alles, was Gott tut, das besteht für ewig; man kann nichts dazutun noch wegtun. Das alles tut Gott, dass man ihn fürchten soll. ...Gott holt wieder hervor, was vergangen ist." (V 14/15) Wir fügen uns ein in die Tage Gottes, indem wir nach dem hören, was an der Zeit ist. Das macht unser Leben gut.

Gestern haben wir im Konfirmandenunterricht über den Tod gesprochen. Alle waren sich in einem Punkt einig: Den Tod muss es geben,
er ist notwendig und man kann sich ihn nicht wegdenken. Niemand
ist in der Lage, ihm zu entgehen. Eine Welt ohne Tod ist unvorstellbar. Diese Welt ist eingerichtet mit Geburt und Sterben. Das Leben
heißt Leben, weil es dem Tode gegenübersteht. Nur aus dem Gegensatz von Leben und Tod wird es sinnvoll, überhaupt über den Tod und
das Leben zu sprechen. So könnte man die Vergänglichkeit des Lebens beklagen und einfach allgemein die Neigung des Lebens zum
Tode feststellen.

Doch es sind zweierlei Dinge, das zu wissen und festzustellen und es
selbst zu erleben. Viele von Ihnen haben im zu Ende gehenden Kir-
chenjahr einen Menschen aus ihrer Familie verloren, an dem sie besonders gehangen haben, den Sie pflegen mussten, der für Ihr Leben
bisher immer dazugehörte. Für manche war das Sterben eine Erlösung von Schmerzen und Qualen, für andere das dann doch vorzeitige Ende von Hoffnungen auf Heilung. Manche haben den Tod erwartet und waren mit ihm ins Reine gekommen. Den Tod erleben bei
einem für uns wichtigen oder prägenden Menschen, das stürzt uns in
Gefühle und Empfindungswelten, die wir sonst nicht an uns heranlas-
sen. Trauer ist bei niemandem gleich wie bei einem anderen. Und
doch ist es bei jedem ein Prozess der Loslösung und des Loslassens.
Wir werden gezwungen, loszulassen, wenn wir festhalten wollen und
Hilflosigkeit zu erleben, wo wir eigentlich am liebsten entscheidend
helfen möchten. Trauer und Loslassen, das kann niemand einem
anderen abnehmen wie das bei allen entscheidenden Dingen im Leben so ist. Aber in der Begegnung mit anderen Menschen, die an
unserer Seite stehen und an unserer Seite bleiben, lässt es sich leich-
ter trauern.

Trauer ist kein modernes Gefühl. Man zeigt sie nicht gerne offen,
sondern vergräbt sie lieber in den innersten Winkeln seiner Seele. Sie
könnte den üblichen Betrieb des Lebens stören, der vor allem auf
planmäßiges Funktionieren aller Lebenden hinausläuft. Und doch ist
die Trauer eine Zeit des Übergangs in ein völlig neues Stadium des
eigenen Lebens. Wo bisher dieser bestimmte, von mir geliebte oder
geschätzte Mensch mein Leben teilte, bleibt von ihm nun nur noch
ein Bild in einer Seele. Ein Bild, das sich manchmal höchst lebendig
zeigt, als sei alles wie früher. Ein Bild, das manchmal auch ver-

schwimmt und undeutlich wird, bisweilen im Traum oder im Tagtraum auftritt. Obwohl ein Mensch nicht mehr leiblich da ist, gehört er zum Inventar der eigenen Seele und prägt so weiter das eigene Leben mit. Bilder machen manchmal auch Angst, stürzen in die Einsamkeit oder Unsicherheit. Sie schmerzen, wenn der Verlust dieses Menschen einen gar zu tiefen Einschnitt bedeutet hat.

Nie sind wir selbst so verletzlich wie in Zeiten der Trauer, wo die Wunden der Seele offen zu Tage liegen. Der Übergang zum neuen Leben verläuft nicht reibungslos und nicht geradeaus. Im Gegenteil geht es manchmal chaotisch vor und zurück. Die Tränen kommen, wo man sie selbst nicht vermutet und das Herz bleibt stumm, wo es nach eigener Meinung eigentlich angerührt sein sollte. In der Trauer begegnen wir uns noch tiefer selbst an den schmerzenden Stellen unserer Seele. Dann kommt es auf das an, was wir glauben und wohin wir zielen mit unserem Dasein. Und es kommt darauf an, dass unsre Mitmenschen uns wieder hineinnehmen in ihre Gemeinschaft, deren letzte Zerbrechlichkeit der Tod uns so ins Bewusstsein drückt. Der Tod aktiviert die Angst vor dem Verlust dessen, was uns an bergender Gemeinschaft zukommt. Deshalb haben die alten Israeliten sogar gesagt, dass der Tod in die Gottesferne führt. Allerdings heißt es im Psalm: Wenn ich mich bettete bei den Toten, so bist du auch da! Gottesferne, die Gott überwinden kann, der aus dem Nichts die Welt geschaffen hat.

Wenn nun der Tod eine Notwendigkeit in unserem und der ganzen Schöpfung Leben ist, sollten wir dann überhaupt über ihn hinaus zu denken versuchen? Sollte man ihn nicht einfach hinnehmen und die Trauer als eine vorübergehende Schwäche der menschlichen Seele abtun? So einfach aber lässt die Seele sich nicht abwürgen. Sie produziert Bilder des Lebens und hält sich an ihnen fest. Sie kann nicht verloren geben, was so lebendig einst war und geht über die Grenzen des Leibes hinaus.

Der Seher Johannes wurde von Bildern überwältigt, die er uns weitergegeben hat:

„Ich sah einen neuen Himmel und eine neue Erde; denn der erste Himmel und die erste Erde sind vergangen und das Meer ist nicht mehr. .... Und ich hörte eine große Stimme von dem Thron her, die sprach: Siehe da, die Hütte Gottes bei den Menschen! Und er wird bei ihnen wohnen, und sie werden sein Volk sein, und er selbst wird ihr Gott sein; und Gott wird abwischen alle Tränen von ihren Augen, und

der Tod wird nicht mehr sein, noch Leid noch Geschrei noch Schmerz wird mehr sein; denn das Erste ist vergangen. Und der auf dem Thron saß, sprach: Siehe ich mache alles neu!"

Diese Welt kann den Tod nicht entbehren. Er ist ein Zeichen ihrer Geschöpflichkeit. Doch einer kann alles anders und neu machen. Das andere Leben in einer neuen Schöpfung kommt nur von Gott. Wir können die Grenzen des Todes trotz mancher Versuche und Erfolge der Medizin nicht übersteigen. Es wird eine tröstende neue Welt sein, die Gott schafft, keine schöne neue Welt, wie der Mensch sie sich ausmalt. Gott wird abwischen alle Tränen, es wird keinen Tod mehr geben und kein Leid und Geschrei. Die neue Welt wird ein Kennzeichen haben, das sie von dieser auch noch anders gravierend unterscheidet. Gott wird bei den Menschen Wohnen und sie werden sein Volk sein. Wenn Gott unter den Menschen wohnt, dann werden die Tränen abgewischt, der den Schmerz, das Leid und das Geschrei beseitigt. Wo Gott wohnt, fallen die Zeichen der Vergänglichkeit weg. Der Schatten des Todes macht die Trennung von Gott schmerzhaft bewusst, wie es schon in der Paradieserzählung gezeigt wird: Die Schmerzen, die Mühe im Leben und der Tod werden als Folge der Trennung von Gott verstanden.

Doch er macht alles neu. Jesus Christus hat uns das gezeigt und wurde dafür der Garant, obwohl er auch selber sogar von Menschenhand sterben musste. Er hat vielen Menschen, die ihm begegneten und noch begegnen, zum Leben geholfen an Seele und Leib. Ihr Leben hieß, mit den Kümmernissen des Leibes und des Lebens dennoch Leben zu spüren, Kraft und Mut zu neuen Anfängen zu bekommen und nicht vor den Schicksalen der anderen zu fliehen. Sein Leben hieß wiedergeben, wo mir etwas weggenommen wurde, und schützen, wo ich bedroht bin. Es hieß schließlich glauben, wo der Glauben eigentlich am Ende scheint. Sein Leben nimmt hinein in die Barmherzigkeit und Güte, wie ein Liedvers sagt: "Sei Wärme und Licht im Angesicht!" Wie wir nicht gut ins Leben hineinkommen, wenn nicht über unseren ersten Tagen ein wärmendes und strahlendes Angesicht leuchtet, der Glanz in den Augen unserer Mutter oder unseres Vaters oder anderer Menschen, so wissen wir genau, was zum Leben führt. Wenn wir dennoch der Todesneigung auch im Handeln und in Gedanken verfallen. so kann das kein Beweis dafür sein, dass es das Leben in der Geborgenheit Gottes nicht gibt.

Gott wird bei ihnen wohnen und sie werden sein Volk sein und er wird ihr Gott sein. Wo Gott in unseren Herzen wohnt, da bricht jetzt schon immer wieder die neue Schöpfung an. Wie sonst kämen wir irgendwann wieder hinaus aus dem Gefangensein in den Tod durch den Verlust von Menschen, an denen wir gehangen und die wir geliebt haben. Es hilft nicht, die harten Zeiten der Trauer zu verdrängen und weg zu schieben. Es hilft aber, sich den Zeichen des neuen Lebens zuzuwenden und die Wirklichkeit Gottes bei sich wohnen zu lassen. Denn er ist mehr als Leben und Tod zusammen und mehr als Geborgenheit und Güte, mehr als alle unsere Bilder vom Leben.

Siehe, ich mache alles neu - das entspricht einer tiefen Sehnsucht in uns nach Leben und mehr Leben, die der Tod uns immer wieder zertreten und entreißen will. Wer Gott bei sich wohnen lässt, kann die Trauer über die Vergänglichkeit und den Verlust eines geliebten Menschen nicht ausmerzen, sondern kann wirklich trauern, ohne die Angst, von der Trauer verschlungen zu werden.

hat sein Thema. Nicht die Weihnachtsgeschäfte beherrschen die Schlagzeilen in den Medien, sondern das, was man verniedlichend Ausländerhass nennt. Die Betroffenheit zeigt sich öffentlich und der Hass rumort im Untergrund. Die Häuser von Menschen werden verbrannt - es könnten unsere Nachbarn sein. Wenn die Bewohner dabei umkommen, ja eigentlich fehlen die Worte. Vor einem Jahr wurde einer unserer Nachbarskinder das Opfer eines feigen und brutalen Angriffs. Wo soll das aufhören? Dieses Thema hat sogar im Moment den blutigen Krieg auf dem Balkan in die zweite Reihe geschoben.

Advent 1992 - unser Basar liegt hinter uns. Wie immer hat es Freude gemacht, dass die Menschen kamen und sich bei uns im Gemeindehaus niederließen. Wie immer hat es Freude gemacht, dass viele helfende Hände von Groß und Klein und Jung und Alt mit angepackt haben, dass Spenden aus allen Himmelsrichtungen kamen und dass eingekauft und gelost wurde. Ein Fest, bei dem viele kommen, die wir sonst nicht so oft sehen, und wir freuen uns darüber.

Advent 1992 - der größte Weihnachtsmarkt in Norddeutschland findet in Rostock statt. Ein mehrere Meter hoher computergesteuerter Weihnachtsmann ist dabei. Die ganze Innenstadt wurde zum Markt umgebaut. Die Zeit der Vorbereitung auf Weihnachten ist wie immer auch wieder die Zeit des Konsums. Es gibt mehr Geld als sonst im Jahr aufs Konto - jedenfalls bei vielen - manche Branchen leben zur Hälfte vom Weihnachtsgeschäft.

Fast gehen in diesem Jahr all die Aufrufe zur Wohltätigkeit unter im Trubel der Vorweihnachtszeit oder in der Auseinandersetzung mit den brutalen und sinnlosen Angriffen auf Menschen in Deutschland. Weltweit ändert sich ja nicht deshalb etwas in der Not vieler Menschen, weil wir von brutalen Angriffen auf die Menschenwürde beschäftigt und beunruhigt werden. So hören wir denn in diesem Zusammenhang, zu dem noch manche persönliche Not kommt, neu die Mahnung und Erinnerung des Jakobus:

„So seid nun geduldig bis zum Kommen des Herrn. Siehe, der Bauer wartet auf die kostbare Frucht der Erde und ist dabei geduldig, bis sie empfange den Frühregen und den Spätregen. Seid auch ihr geduldig und stärkt eure Herzen; denn das Kommen des Herrn ist nahe." (Jak. 5,7-8)

Kann man denn immer noch geduldig sein und Geduld predigen, bis schließlich der Hass die Menschen ganz entzweit, die Bosheit ihre Opfer gefunden, die Krankheit sich durchgesetzt und wir reichen Länder uns endgültig vom Rest der Welt abgesetzt haben? Ein Predigthörer gab mir einmal Rückmeldung und sagte: Wenn Ihr Pastoren so weitermacht mit Euren erbaulichen Reden vom Warten auf Gott, dann spielt ihr absurdes Theater oder behandelt diese Welt so unerträglich zynisch, dass Ihr Euch nicht wundern müsst, wenn die Leute bestenfalls den Kopf schütteln!

Recht hatte er! Aber was ist zu tun? Der kleine Abschnitt predigt die Geduld. Diese Geduld hat nichts, aber auch gar nichts mit Zuschauen zu tun! Ein Bauer, der auf die Ernte wartet, muss vorher gepflügt, geeggt und gesät haben, muss seine Einsaat schützen und auf sie achten, dann kann eines Tages die Ernte kommen.

So ist es auch mit unserer Geduld, die auf das Kommen dessen wartet, der uns das Leben in Fülle bringt, der das Durcheinander der Welt nach seinem barmherzigen und liebenden Gesichtspunkt neu ordnet. Unsere Aufgabe besteht auch in diesem Advent wieder darin, den Boden zu pflügen, einzusäen und das Wachstum zu begleiten: Die Botschaft von Gott muss unter die Leute. Wie es aber nichts nützt, seine Körner einfach auf irgendein Stück Land zu werfen, so muss auch die Botschaft von der Barmherzigkeit und Liebe Gottes sorgfältig vorbereiteten Menschen gesagt werden. Wem sie um die Ohren gehauen wird, der weiß nicht, wo ihm der Kopf steht oder empfindet die Botschaft als Aggression. Das Säen heißt bei uns verkündigen oder weitersagen, dass das Heil der Welt immer im Kommen ist und immer neue Kraft entwickelt, bis schließlich Gott alles in allem sein wird und die Mühen dieser Welt am Ende sein werden. Geduldig auf Gott warten grenzt manchmal wirklich an eine Art Absurdität.

Im Gespräch hat mich kürzlich wieder tief berührt, wie manche Menschen unter der Last dieses Dasein leiden müssen und keine rechte Zukunft mehr sehen! Ihnen hilft nur Geduld - eigene und fremde. Wenn auch die Menschen, die meinen, es sei etwas Gutes, Menschen mit anderer Herkunft zu hassen, von der Botschaft erreicht werden sollen, dann gibt es viel zu tun! Stärkt Eure Herzen - das Kommen des Herrn ist nahe. Nichts erscheint nötiger als das - die Herzen zu stärken durch Hoffnung auf und Freude über die Frohe Botschaft und die Gute Nachricht, dass Gott uns nahe ist und das Leben will.

Wenn das Herz schwach wird und die Geduld zu Ende geht, dann will man lieber reinschlagen und beseitigen, was einem störend und böse zu schaffen macht. Dazu ruft das Evangelium nicht auf! Deutlich sagen, dass Hass, Krieg, Zerstörung, Tod keine Mittel des Lebens sind und kein Recht darauf haben, den ersten Platz einzunehmen - das ist das Eine. Auch dazu brauchen wir ein starkes Herz. Die Botschaft vom Kommen Gottes in seiner Liebe und Barmherzigkeit weiterzusagen - dazu braucht es noch mehr Sorgfalt, Vorbereitung und Geduld. Genau dieses in uns aufzubauen, dafür soll der Advent 1992 dienen.

noch die Bußpredigten des Johannes eine Rolle spielen, droht spätestens am Heiligen Abend alles zu verschwinden, was mit kritischer Aufarbeitung zu tun hat. Wohlig soll der Mensch eingehüllt werden, wenn er schon einmal in die Kirche kommt! Mir aber geht in diesem Jahr die Bußpredigt des Johannes aus Matthäus 3 nicht aus dem Kopf.

Da sprach Johannes zu der Menge, die hinausging, um sich von ihm taufen zu lassen: Ihr Schlangenbrut, wer hat euch denn gewiß gemacht, dass ihr dem künftigen Zorn entrinnen werdet? Seht zu, bringt rechtschaffene Früchte der Buße;... Es ist die Axt schon den Bäumen an die Wurzel gelegt;... und die Menge fragte ihn: Was sollen wir denn tun? Er antwortete ihnen: Wer zwei Hemden hat, der gebe dem, der keins hat; und wer zu essen hat, tue ebenso. Es kamen auch die Zöllner, um sich taufen zu lassen,... er sprach zu ihnen: Fordert nicht mehr, als euch vorgeschrieben ist! Da fragten ihn auch die Soldaten... Er sprach zu ihnen: Tut niemand Gewalt oder Unrecht und laßt euch an eurem Sold genügen.

Diese Bußpredigt könnte aktueller nicht sein. Nur, dass es sich bei uns nicht um Hemden handelt, die geteilt werden müssten, sondern viel eher um eine ganze Art des Lebens. Besser gesagt, es geht um Teilung von Lebensmöglichkeiten. Darin liegt auch die große Schwierigkeit, die uns von Advent zu Advent begleitet. In unserer Massengesellschaft kann wohl einer dem anderen helfen. Hilfe und Verteilung größeren Maßstabs aber muss gründlich organisiert werden. Ja, oftmals müssen Lebensmöglichkeiten sogar gegen Menschen durchgesetzt werden. Dann nämlich, wenn der eine Mensch den anderen seiner Möglichkeiten beraubt.

So sehen wir auch zu diesem Weihnachtsfest wieder ein besonders hässliches Gesicht des Menschen, der andere zerstört, unterdrückt und beseitigt, nur um seine "eingebildete" Macht zu behalten oder auszubauen. Besser und friedlicher sollte es werden auf dieser Welt als es endlich gelungen war, das Wettrüsten zwischen Ost und West zu beenden und die Blöcke zu überwinden. Der heiß ersehnte Frieden auf Erden aber trat nicht ein. Viel mehr rückte die Friedlosigkeit in den engeren Blickpunkt.

Es ist keine Friedlosigkeit, die am Rande des Weges zu dem großen Ziel des Friedens auf Erden entsteht. Viel mehr ist die platte Friedlosigkeit eingetreten, die nicht durch eine große Perspektive überformt wird. Wo noch vor kurzem der Traum von der Überwindung der Zerklüftungen unter den Menschen einen Platz fand, da hat sich jetzt die platte Realität innerer und äußerer Friedlosigkeit breit gemacht. Konnten wir noch vor zwei Jahren einem einzigen bösen "Mann" die Rolle des Bösen auflasten - er hatte sie sich auch redlich verdient -, so sehen wir heute unzählige einzelne und kleinere und größere Gruppen am Werk, ihre Interessen jenseits von Recht und Menschlichkeit durchzusetzen. Dabei scheint es noch fraglich, ob die Interessen überhaupt formuliert sind.

An die Spitze dieser Vorgänge hat sich unfreiwillig eine Weltvorstellung gesetzt, die den Eigennutz als einen der größten Antreiber für Leistung und Fortkommen ansieht. Die Hoffnung aber, die in dem Gedankenbild des liberalen Kapitalismus steckt, dass nämlich die gegensätzlichen Eigeninteressen der einzelnen sich im Wettkampf miteinander eingrenzen und alles so zu einem positiven Ergebnis führt, hat getrogen. Es bedarf offenbar mehr als des schlichten Kampfes aller gegen alle, um eine Gemeinschaft, ein Gemeinwesen oder eine Gesellschaft durch die Zeit zu steuern. Der durch Wohlstand leidlich geordnete Teil dieser Erde hielt offensichtlich bisher die Kräfte des Wohlstands schon für inneren Frieden. Die Bußpredigt des Johannes hält den Menschen seiner Zeit im Grunde nichts anderes vor, als dass sie sich auf die Grundlagen der menschlichen Gemeinschaft besinnen sollten. Dafür gibt es heute keine andere Konkretion als damals.

Der vom ganzen Osten ersehnte Wohlstand erwies sich als ziemlich einseitig und am Ende als brüchiger Kitt. Die ersehnte Freiheit gab plötzlich die Möglichkeit, die Mitkonkurrenten um den heiß begehrten Wohlstand zu beseitigen. War die Macht und Gewalt vorher - zwar sehr notdürftig - aber doch immerhin verhüllt durch das Ziel, ein Paradies für alle zu schaffen, so erhebt sie nun ihr Haupt als schlichtes Faustrecht in vielen Teilen dieser Erde. Wenn man in all den Wirrungen der Zeit überhaupt von Zielen sprechen kann, dann lauten sie entweder: Wie halte ich den anderen von meinem Acker fern? Oder: Wie bekomme ich den anderen dazu, mir seinen Acker zu geben?

Ein Zwischengedanke zum Gewaltmonopol des Staates drängt sich geradezu auf. Wo der Eigennutz und die Einzelinteressen in der Art massiver Weise dominieren wie heute an allen Ecken und Enden dieser Erde, erweist sich das Gewaltmonopol des Staates als schiere Überlebensnotwendigkeit. Auch dieses aber beruht auf Übereinkunft zwischen den verschiedenen Gruppen und Regionen der Staaten und Gesellschaften. Erinnerungen an die Zeiten unserer Vorväter werden wach. Die drückten mit Martin Luther die Überzeugung aus, es gäbe nur einen Weg, das Böse - sprich die radikale Verwirklichung von Einzelinteressen - zu bekämpfen, und der heiße, man müsse das Böse mit Gewalt niederhalten. Dies sei überhaupt der Ursprung des Staates. Wer die derzeitigen heftigen Aufwallungen mit ihrem ganzen Hass und ihrer Bosheit oder schlichter Gleichgültigkeit gegenüber anderen Menschen z.B. in Jugoslawien oder in Somalia sieht, kommt auch nicht umhin, an die den Theologen verhasste Stelle Römer 13 zu denken: "Jeder Mann sei Untertan der Obrigkeit" als quasi religiöse Forderung kann im Grunde nur als Gegenwehr gegen die chaotische Vereinzelung, den dadurch bedingten Niedergang und die dadurch bedingte Bedrohung des Menschen verstanden werden. Das Zentrum des Gemeinwohls und seiner Durchsetzung war hier nach außen verlagert. Die theologischen Großväter haben in der Weimarer Zeit, sofern sie diesem Modell anhingen, geholfen, gegen eine angeblich nur interessengeleitete Gesellschaft eine brutale Gruppe als Obrigkeit zu installieren. Sie haben damit vorgeführt, was geschehen kann, wenn in einer schwierigen Situation die Sehnsucht nach Frieden und Interessenausgleich sich lediglich als Sehnsucht nach einer starken Hand formuliert.

Frieden als Wunsch, Frieden als Illusion und Frieden als Hoffnung. Selten kam all das in den letzten Jahren so unter die Räder wie in diesem Advent. Neben dem Versuch, aktuelle Auseinandersetzungen und Bösartigkeiten zu unterbinden, gibt es eine Notwendigkeit: Zurückkehrend zu den alten Quellen des Friedens im Glauben aber auch in der Philosophie müssen wir anfangen, Frieden, sozialen Ausgleich, Gemeinschaft und Gemeinwohl im kleinen und im Weltmaßstab für uns schlüssig und plausibel im Gespräch zu definieren.

Weihnachten feiern scheint dadurch jetzt wieder ein eminent politischer Akt zu sein. Wer Frieden auf Erden singt und sich sagen lässt, der kann nicht ruhig bleiben, wenn jede Definition für Frieden und Ausgleich unter den Menschen zu Bruch geht. Oder sollten wir kurz vor der Jahrtausendwende wieder ganz zurück in die Finsternis der Welt? Also Mut zur Bußpredigt!

Ein unerhörtes Ereignis

Das Weihnachtsfest gilt einem Menschen und einem unerhörten Ereignis, wie Lukas es in seiner in seiner Weihnachtsgeschichte überliefert hat. Da geht es nicht um die Lebensleistung eines besonderen Menschen, wie bei Gedenkjahren oder Gedenktagen. Ein Beispiel war jetzt gerade das Mozartjahr. Bei Gedenkjahren und Gedenkveranstaltungen überwiegen die Lobredner und die Konservatoren. Wehe der Kirche und dem Ereignis, wenn das auch bei Jesus so wäre.

Bei Jesus ist keine Lebensleistung zu würdigen, obwohl auch er eine Reihe von einprägsamen Reden und Gleichnissen hinterlassen hat und von ihm unerhörte Geschichten erzählt werden. Jesu Leben ist ein Ereignis und ein Gleichnis für das, was er gesagt hat. Es ist ein beispielloses und deshalb auch ein beispielhaftes Leben, bei dem es nicht auf die historische Richtigkeit ankommt, sondern auf die Botschaften, die sich den Menschen eingeprägt haben. Botschaften, die sich auf das Leben und das Sterben, auf Heillosigkeit und Heilung, auf Liebe und Zertrennung, auf menschliches Fragen nach dem Leben überhaupt beziehen.

Ein Psychiater hat einmal davon gesprochen, dass sich das Ereignis Religion auf die großen weltbewegenden Menschheitsfragen beziehe, an dem Menschen gesunden oder erkranken können, das aber zu begreifen fast unmöglich ist. Deshalb geht es in der Religion und in unserem Glauben nicht um Wissen, sondern um Gewissheit, nicht um Für - wahr - Halten, sondern um Glauben, nicht um Fernes, sondern um Nahes, nicht ums Wegschauen, sondern ums Durchhalten, nicht um Macht, sondern um Geduld, nicht um Gewalt, sondern um Kraft. Es handelt sich nicht um eine für ewig festgelegte Lehre, sondern um eine persönlich zu entziffernde Botschaft, die jeden Tag neue Lebensmöglichkeiten schafft.

Dennoch wurde von Anfang an versucht, die Botschaft kurz und bündig als Bekenntnis und Leitfaden zu formulieren. Eines der ersten Bekenntnisse dieser Art hat Paulus aufgeschrieben.

Römerbrief 1, 1-7

1 Paulus, ein Knecht Christi Jesu, berufen zum Apostel, ausgesondert zu predigen das Evangelium Gottes, 2 das er zuvor verheißen hat durch seine Propheten in der Heiligen Schrift, 3 von seinem Sohn, der geboren ist aus dem Geschlecht Davids nach dem Fleisch, 4 der eingesetzt ist als Sohn Gottes in Kraft nach dem

Geist, der da heiligt, durch die Auferstehung von den Toten – Jesus Christus, unserm Herrn. 5 Durch ihn haben wir empfangen Gnade und Apostelamt, den Gehorsam des Glaubens um seines Namens willen aufzurichten unter allen Heiden, 6 zu denen auch ihr gehört, die ihr berufen seid von Jesus Christus. 7 An alle Geliebten Gottes und berufenen Heiligen in Rom: Gnade sei mit euch und Friede von Gott, unserm Vater, und dem Herrn Jesus Christus!

Die Propheten sprachen von den Friedenszeiten und von dem großen König, der sein Volk retten und Gottes Gnade zeigen wird. Prophezeiungen sind oft in den Wind geredet. Aber zu Zeiten entsprechen sie dem Empfinden und den Hoffnungen der Völker. Bis heute versuchen selbst seriöse Institute Vorausentwürfe der Zukunft anzufertigen. Meist aber handelt es sich - sei es wissenschaftlich oder persönlich getönt - einfach um Verlängerung der bisherigen Entwicklungen. Zur Zeit prophezeit man uns die Klimakatastrophe, wenn wir so weitermachen wie bisher und die Erdbevölkerung weiter wächst. Die Absicht ist dabei eine politische und persönliche Verhaltensänderung. Doch solange nichts weiter Fühlbares passiert, ändert niemand sein persönliches Verhalten. Im Gegenteil - alle versuchen, das Bisherige durch neue Technik z.B. zu optimieren.

Die Prophezeiungen der Propheten hatten z.T. auch solche Inhalte. Wenn Ihr Euch nicht ändert, dann wird eine große Katastrophe über Euch kommen! Das aber, worauf Paulus hier anspielt, ist keine Unheils-, sondern eine Heilsverheißung. Es wird Gutes kommen, die Rettung, das Leben, die Gerechtigkeit. Sogar die Form dieses Guten wurde formuliert: Es sollte ein Spross aus dem alten großen Königsgeschlecht Davids sein. Für die Erfüllung solcher Zusagen gibt es keine Beweise, sondern allenfalls den Glauben der Menschen. Doch passiert nicht viel Wichtiges in unserem Leben einfach aus Glauben?

Ein etwas ausgefallenes Beispiel: Vor einigen Jahren gab es kein realistisches Szenarium dafür, dass eines Tages der Ost - West - Gegensatz aufhören könnte und die Armeen ihr Gewicht verlieren könnten. Einige aber glaubten, mit Einsatz für den Frieden sei etwas zu machen - gegen die ganze Gesellschaft zuerst und dann mit mehr und mehr Zustimmung.

Oder: Vor zwei Jahrzehnten war es eine Glaubenssache, für bestimmte Umweltfragen einzutreten. Heute aber haben sich diese Fragen als Fragen zumindest weitgehend durchgesetzt.

Der Glauben ist es, der in Jesus den sieht, mit dem der Frieden in die Welt gekommen ist und in ihr wirksam werden kann.

Doch über seine Person und seine Eigenart gibt es nach wie vor Rätselraten. Deshalb ist es gut, diesen Paulustext zu lesen. Was ist Jesus, wer ist Jesus:

Die irdische Herkunft: Nachkomme des Königs David. Josef war aus dem Hause und Geschlechte Davids. Alle merkwürdigen Spekulationen über die Gottessohnschaft Jesu und seine etwaige Übernatürlichkeit haben damit ein Ende. Jesus war ein Mensch wie wir. Für die Nachkommenschaft aus Davids Geschlecht konnte er sich nichts kaufen. Sie bedeutete im täglichen Leben nichts.

Gleichzeitig ist er Sohn Gottes. Gott hat ihn dazu eingesetzt durch die Auferweckung von den Toten. Das ist nun erst recht Glauben und nicht mit realistischen Maßstäben und Worten zu beschreiben. An anderen Stellen des Neuen Testaments wird Jesus durch die Taufe zum Sohn Gottes.

Nach der alten Überlieferung bedeutet Sohn Davids zu sein dasselbe wie Sohn Gottes zu sein. Gott hatte David nämlich durch den Propheten Nathan versprochen, dass Davids Söhne auch seine Söhne sein werden. Der König in Jerusalem also war Gottes Sohn, wenn man dieser Überlieferung glaubte.

Manche Menschen hofften auf die Einlösung dieses Versprechens, denn auf dem Thron in Jerusalem saßen Menschen, die mit den Besatzern sympathisierten oder von ihnen abhängig waren. Darin konnten die frommen Juden damals keine besonders schöne Situation erblicken. Dass aber der Nachfahre Davids nur so ein Mensch sein sollte und dennoch der Sohn Gottes, das zu glauben, war wohl auch zu viel verlangt.

Die Evangelien sind voll davon, dass die Jünger und die Frauen, die mit Jesus gegangen sind, für diese Vorstellung auch nicht gerade offen waren, obwohl sie von Jesus fasziniert gewesen sein mussten.

Alles hängt also daran, ob ein Mensch glauben kann, dass mit Jesus die Zusagen Gottes eingelöst sind, nicht nur sein Volk Israel, sondern damit alle Menschen zu retten. Zu retten wovor oder wofür? Die Auferweckung zeigt die Richtung an. Es geht um den Glauben an die Errettung aus der Verlorenheit, aus der Angst vor dem, was wir sehen: der Zerstörung, der Krankheit, der Not, dem Hass und dem Tod. Doch diese Rettung geht nicht nach allzu weltlichen Maßstäben vor sich. Sie fordert uns auf, hinter die Dinge zu schauen, nicht der

Macht, sondern der Liebe zu vertrauen, nicht nach Verdienst, sondern nach Erbarmen miteinander umzugehen und so das zu tragen, was das Leben bringt.

Die Konsequenz ist das Vertrauen in die Veränderlichkeit des Menschen. Nicht die vordergründige Stärke, sondern die hintergründige Geduld macht das Leben aus.

Das alles ist nichts mehr als Zeichen, Gleichnis und Symbol. Ich sage dazu nicht das Wort "nur". Nicht nur das, was man messen, wiegen und anfassen kann, ist Realität. Viel stärkere Realitäten sind unsere seelischen Bewegungen, Geheimnisse und Antriebe. Wer sich auf die Glaubenszusagen einlässt, kann unbefangener auf sie schauen und mit ihnen umgehen. Denn die Glaubenszusagen gehen davon aus, dass es das Barmherzige und die Liebe sind, die das Leben bergen. Die Geheimnisse des Glaubens und der darin versteckten Geborgenheit zu erkunden, dazu ist das Fest da. In der Realität scheint es nach wie vor manchmal unerhört, diesen Glauben einzusetzen. Das wird anders mit den Erfahrungen des Glaubens, die nicht auf Hirngespinsten, sondern auf Leben beruhen, auf unerhörtem Leben.

Ein echt großer Geburtstag

Die Geburtstage der Großen der Weltgeschichte wurden schon immer gefeiert. Nur wie lange?

Die Geburtstage der Reiche und Mächte – auch sie wurden gefeiert. Wir haben gerade miterlebt, wie eine große Macht mit etwas über siebzig Jahren von der Bildfläche verschwand. Einige können schon über zweihundert Jahre vorweisen.

Doch wo gab es und gibt es das, dass Menschen unterschiedlicher Hautfarben, unterschiedlicher Herkunft, aus verschiedenen Staaten und Erdteilen, reich und arm, alt und jung, krank und gesund, dass Freunde und Feinde, Verbrecher und Gütige, dass sie alle zusammen ein gemeinsames Fest feiern?

Wenn auch das Gemeinsame bald wieder im Chaos und in den alten Spuren und Traditionen zur Strecke gebracht wird, so findet es doch in der Tat statt. Wenn auch manche Enttäuschung und mancher Stress hinter den Feiern steckt, so halten sie doch eine Tradition aufrecht und führen sie weiter. Geschäftsleute bedanken sich bei ihren Kunden, Menschen schenken einander Kleinigkeiten und große Geschenke, es wird musiziert, vorgelesen und Stimmung verbreitet.

Und natürlich, wie immer bei großen Festen, es werden auch Geschäfte gemacht, jedenfalls vorher. Die Werbung nutzt das Fest, die Wohltätigkeit schwillt stark an, wenn man es an der Spendentätigkeit misst.

Viele Menschen sind enttäuscht, weil es doch wieder nicht so gelungen ist, nicht alle aus der Familie zusammengekommen sind oder die alten Probleme nicht gelöst werden konnten.

Einen kenne ich in Duvenstedt, der sagt, er wolle Weihnachten nicht feiern, bei ihm sei sowieso alles kaputt und nicht zu ändern. Und anderswo gibt es viele, die an ihren Riesenerwartungen nach Harmonie und Liebe schon vorher kapitulieren. Die anderen Realitäten in der Welt, den Hunger in Russland und anderswo, die Kriege in Jugoslawien, Georgien und da, wovon wir nichts berichtet bekommen, Hass und Gewalt auch bei uns, die Krankheiten und den Tod aufzuzählen, klingt eher wie eine Gebetsmühle. Und alle wissen es ja sowieso!

Was hat denn nun das volkstümlichste und verbreitetste aller kirchlichen Feste zu bieten außer dem Drumherum? Warum wird ausgerechnet der Geburtstag eines Mannes, der am Ende auch noch unehrenhaft hingerichtet wurde, so gefeiert? Tradition alleine bringt es nicht, das kann man leicht an anderen Fest- und Feiertagen nachvollziehen. Auch dass wir mitten in der Woche arbeitsfrei haben, rechtfertigt nicht den Aufwand. Aus der Forschung und vom Hinschauen ist inzwischen auch geläufig: Viele Menschen nutzen die Tage um Weihnachten herum zum Urlaub machen. Nord- und Ostsee sind ausgebucht. Das Feiern hat sich mit der mobilen Gesellschaft verändert.

Sollte vielleicht doch die Botschaft, die in diesem Fest zu Hause ist, ihre Wirkung tun? Sie antwortet einer tiefen Sehnsucht nach Frieden und Recht, nach Menschlichkeit und Gemeinschaft in uns. Dieser Sehnsucht glauben wir sonst oft nicht nachgeben zu können. Ja wir stoßen sie aus unserem Alltag, denn dort gilt nach wie vor Anderes als gut. Das Durchsetzungsvermögen - auch mal am Rande dessen, was richtig ist. Sich den besten Platz zu ergattern und ihn zu verteidigen, auch wenn andere mehr als nötig darunter leiden - und so fort.

Die Botschaft dieses Geburtstages wurde im Neuen Testament immer wieder formuliert. Im Brief das Paulus an Titus, 2, 11- 15:

_11_ *Denn es ist erschienen die heilsame Gnade Gottes allen Menschen*

_12_ *und erzieht uns, dass wir absagen dem gottlosen Wesen und den weltlichen Begierden und besonnen, gerecht und fromm in dieser Welt leben*

_13_ *und warten auf die selige Hoffnung und Erscheinung der Herrlichkeit des großen Gottes und unseres Heilands, Jesus Christus,*

_14_ *der sich selbst für uns gegeben hat, damit er uns erlöste von aller Ungerechtigkeit und reinigte sich selbst ein Volk zum Eigentum, das eifrig wäre zu guten Werken.*

_15_ *Dies rede, und ermahne und weise zurecht mit ganzem Ernst. Niemand soll dich verachten.*

Die rettende Liebe Gottes ist offenbar geworden. Sie gilt allen Menschen. Genau darin liegt die Wahrheit des christlichen Glaubens. Es gibt keine bösen Absichten, keine bösen Geister. Nicht das platte Schicksal herrscht mit unergründlicher Wut oder Freude über unschuldige Einzelne. Der Mensch wird nicht von Sternen, Mächten, umherschwirrenden Seelen oder kosmischen Kräften beherrscht, denen er sich unterwerfen muss. Der Urgrund des Lebens ist allen Erfahrungen zum Trotz die Liebe.

Diese Liebe ist in Jesus offenbar geworden. Gott, den die Menschen sich als allmächtig vorstellen, zeigt seine Liebe in einem ganz normal geborenen Menschen.

Doch was heißt hier Liebe? Wie kann diese Liebe sich allen Menschen zeigen? Sie scheint doch zu unterschiedlich verteilt. Wie kann man angesichts der Ungewissheit des einzelnen Schicksals von Liebe sprechen oder daran glauben?
Der Briefschreiber weiß es: "Die Liebe hält uns zu einem Leben an, das ihrer würdig ist." Die Liebe Gottes kommt nur in die Welt, wenn Menschen an sie glauben und in ihrem Leben der Liebe Gottes entsprechen. Dass sie offenbar geworden ist, nützt alleine für sich noch nichts.

Wenn die Liebe Gottes in einem Menschen offenbar geworden ist, hat sie damit gezeigt, dass sie auch in der Welt wirksam werden kann. Wir brauchen nicht unter dem Diktat unserer guten und schlechten Voraussetzungen und Handlungen zu leben. Wir können aussteigen und jeden Tag neu anfangen mit der Entsprechung zur Liebe Gottes. Wie in dieser Welt ein Fest möglich ist, das Menschen unterschiedlichster Art gemeinsam feiern lässt, so ist in dieser Welt auch der Glaube an die Liebe und das entsprechende Handeln möglich.

Die offenbar gewordene Liebe befreit: "Er hat sein Leben für uns gegeben, um uns von aller Schuld zu befreien und zu einem Volk zu machen, das nur ihm gehört und alles daransetzt, das Gute zu tun." Diese Betrachtung geht bereits vom Ende des Kindes aus, dessen Geburtstag wir feiern. Es war ein Ende, das der Anfang des neuen Lebens für die Glaubenden werden sollte.

Wir haben nur schwer Zugang zu dieser Vorstellung. Und doch weiß jede Frau und jeder Mann, wie schwer wir anderen begegnen können, wenn wir etwas ihnen gegenüber falsch gemacht haben oder wenn das Vertrauen einmal gestört sein sollte. Schuld und Sünde sind die Begriffe der Trennung und Feindschaft unter den Menschen. Man rutscht da oft so hinein, ohne es zu wollen oder mit geringer Beteiligung. Und dennoch passiert es immer wieder. Dass ein Mensch dem anderen wieder offen und neu begegnen kann, dass Wege wieder aufeinander zu statt immer weiter auseinanderlaufen, gerade das ist die Befreiung, zu der die Liebe Gottes uns anstiftet.

Und nun die konkreten Vorschläge: "Ein Leben in Selbstbeherrschung, in Liebe zu den Menschen und in Ehrfurcht vor Gott." Wie altmodisch das klingt: Selbstbeherrschung. Wie oft aber hätte ich mir gewünscht, mich selbst beherrscht zu haben in bestimmten Situationen. Nicht unbedingt in solchen, in denen man sagt, er hat die Beherrschung verloren. Vielmehr zum Beispiel, wenn es um die Angst ging, nicht gut genug bei anderen anzukommen. War nicht oft der Wunsch nach Anerkennung größer als der Mut zum offenen Wort?

Bei der Selbstbeherrschung denken wir an eine Form der kleinbürgerlichen Zugeknöpftheit. Gemeint aber kann doch nur sein: Wer an die Liebe Gottes glauben gelernt hat, kann seiner Angst und Verletzbarkeit in dieser Welt widerstehen. Jesus ging seinen Weg im Vertrauen auf die Liebe Gottes auch dann, als die Anerkennung und die Liebe der Menschen ausblieb.

Liebe Gottes als Liebe zu den Mitmenschen in die Welt zu tragen, den Menschen Liebe, Gott aber Ehrfurcht entgegenzubringen, das scheint nur mit dieser Selbstbeherrschung möglich, die die eigene Angst durch Vertrauen zu Gott überwinden kann.

Der Geburtstag Jesu und das ganze Fest darum herum: Es ist ein Symbol dafür, dass Menschen es doch können: die Liebe Gottes in kleine Handlungen umzusetzen. Wie schön, wenn der immerwährende Weihnachtswunsch immer wieder erneuert werden könnte: Dass das Fest ein wenig weiterwirkt und die Liebe Gottes Platz bekommt in unseren Herzen und damit in dieser Welt. Diesen Wunsch an sich selbst zu richten und nicht nur an andere - das wär`s!

Am liebsten möchte ich heute einige fröhliche Gedanken mit Ihnen austauschen, ein wenig ausruhen von der Last des Lebens, wie es in dem Gedicht so schön heißt. Schön wäre es, darüber nachzudenken, dass es uns doch so gut geht und wir wieder einmal gemütlich mit unseren Familien Weihnachten in unsren schönen Häusern feiern können.

Das größte Fest des Jahres wurde als Fernsehfilm angekündigt. Der sich ausbreitende Weihnachtsfrieden soll uns wohlig unter die Haut kriechen, damit er uns die bösen Dinge dieser Welt von der Seele und der Haustür halte. Doch die Fernsehsendungen am Vortag des Heiligen Abend waren ausgefüllt mit Gewalt, Chaos und Hass und den oft hilflos wirkenden Versuchen, dagegen anzugehen.

Was soll man machen, wenn überall, wo Asylbewerber untergebracht werden sollen, eine starke Front der Ablehnung auftaucht, wenn in Jugoslawien Kinder erschossen, Männer massakriert und Frauen systematisch vergewaltigt werden? Was soll man machen, wenn in Deutschland noch nicht einmal der soziale Ausgleich weiterkommt? Was soll man machen, wenn die Süchte immer weiter um sich greifen, Kinder und Erwachsene an Ängsten, nicht mithalten zu können, fast zu Grunde gehen?

In Hamburg werden seit Wochen Resolutionen und Verlautbarungen verfasst und Unterschriftenlisten bereitgelegt gegen den Hass auf Ausländer und Asylbewerber. Demonstrationen von bisher unbekanntem Ausmaß zeigen, dass wir es so nicht haben wollen. Viele von uns sind erschrocken über die Ausbrüche der Gewalt gegen einzelne und Gruppen. Darüber und darunter wabert die Angst vor Fremden, die Angst vor dem Niedergang der Wirtschaft, die Angst vor Rückschritt in der persönlichen Sicherheit.

Wenn schon überall auf der Welt und in Deutschland etwas los ist, dann soll das bloß nicht auch zu uns kommen - dieses St. Floriansprinzip liegt auch uns nicht fern!

Einige Familien von uns haben noch ganz andere Fragen: Sie müssen in die Weihnachtstage den Tod von Angehörigen tragen.

Wie also soll man nun Weihnachten feiern: Trotzig jetzt gerade! Oder mit schlechtem Gewissen? Oder einfach wie immer, ein bisschen Weihnachtsbraten, ein bisschen Kirche und ein bisschen Familie und eine gute Spende für die, die das nicht können? Oder vielleicht mit einem guten Schuss Nachdenklichkeit in der Seele?

Wo sind der Weihnachtsfriede und die Erfüllung unserer Sehnsucht nach Harmonie und dem Ende aller Nöte?

„Das aber ist das Gericht, dass das Licht in die Welt gekommen ist, und die Menschen liebten die Finsternis mehr als das Licht, denn ihre Werke waren böse." (Joh. 3,19)

Da hat uns gestern ein Satiriker gewünscht, wir mögen nicht nur zur Besinnlichkeit, sondern zur Besinnung kommen. Und genau das ist es. Die Weihnachtsgeschichte war keine besinnliche, sondern eher eine erschreckende Geschichte. Selbst wenn man sie für eine erbauliche Legende halten sollte, so erinnert die Geburt im Stall doch eher an Jugoslawien oder Somalia als an ein wohlhabendes Haus in Hamburg. Und wenn man die Wirklichkeit in unserer Welt anschaut, erscheint die Verkündigung des Friedens für die Menschen jedes Jahr wieder wohl eher als der vielzitierte fromme Wunsch.

Sollten wir heute der Diagnose des Johannes folgen? Auch er hat schon wenige Jahrzehnte nach der Geburt Christi, als sie noch gar kein Weihnachtsfest feierten, die gleichen Probleme gehabt wie wir. Böse oder unverständliche Erfahrungen prägen einen solchen Satz und die Pessimisten halten sich gerne an ihm fest. Damit aber bohrt sich der Pfeil des Verletztseins über die menschliche Bosheit immer tiefer ins Fleisch und in die Seele. Am Ende steht nicht Frieden, nicht Freude, nicht Eierkuchen, sondern eine verhärtete Seele, die den Nächsten den Bosheiten überlässt.

Die eigene Hilflosigkeit verbergen wir gerne unter dem Mantel dessen, der ja doch nichts machen kann, anstatt sie wenigstens offen zu sehen. Und schon haben wir die eigentliche Botschaft überhört!

Das ist die Weihnachtsbotschaft. Kein fertiger Friede, keine ewige Harmonie, sondern die Liebe Gottes, die retten will. Gott hat die Welt geliebt.

Diese Botschaft steht quer zu unseren Erfahrungen und quer in der Welt. „Wie kann es bloß sein, wie kann er das bloß zulassen?" fragen viele wieder in unserer heutigen Lage. Vielleicht sollten wir den Standpunkt einmal wechseln: Der Somali sagt: Wie kann er das bloß zulassen, dass wir hungern und in täglicher Bedrohung durch irgendwelche Bosse leben und in Deutschland können sie ihre Meinung sagen und jeden Tag mehr als satt essen? Zwänge, die wir fühlen, kann er nicht kennen. Und die Not muss sein Herz verhärten. So einfach lassen sich die Standpunkte nicht umsetzen. Und darin zeigt sich die Not dieser Welt, in der jeder von uns mit seinem eigenen Schicksal bis hin zu schweren Krankheiten kämpft.

„Also hat Gott die Welt geliebt, dass er seinen eingeborenen Sohn gab, damit alle, die an ihn glauben, nicht verloren werden, sondern das ewige Leben haben." (Joh. 3, 16)

Jesus ist das sichtbare Zeichen, der sichtbare Mensch der Verheißung unter uns. Wir nennen ihn das Licht der Welt, damit wir die Not sehen und doch die Verheißung festhalten. Gäbe es keine Finsternis, bräuchten wir auch kein Licht. Nun aber haben wir das Licht, dann ist es nicht mehr angemessen, in die weltweiten Klagelieder über die Bosheit der Menschen bedingungslos oder besinnungslos einzustimmen. Meistens lenken wir auch nur von eigenen kleineren oder größeren Bosheiten ab, wenn wir die allgemeine Bosheit beklagen.

Die Weihnachtsbotschaft des Johannes heißt, Gott will die Welt retten, nicht richten. Die Lage in der Welt ist Strafe genug, die sie sich auch noch selber zufügen. Wenn wir dem Licht entgegengehen, statt weiter zu mauscheln und zu beschönigen, bringt auch das eine Menge Unfrieden mit sich. Produktiver Unfrieden aber unterscheidet sich um Welten von dem Unfrieden, der durch unter der Decke gehaltenen Ärger erzeugt wird.

Gott verheißt Frieden, wir gehen ihm entgegen, wenn wir an ihn glauben.

Weihnachten feiern ist dann die Zeit, in der wir uns die Botschaft vom Frieden schenken lassen, damit wir Kräfte sammeln, ihm entgegenzuarbeiten und nicht unter der Last der Bosheiten in der Welt nur noch die eigene Haut und die eigenen vier Wände retten wollen.

Im Licht zu stehen, kann ganz schön unangenehm sein. Uns mit großen Kerzenprozessionen und Festen Mut zu machen und gegenseitig zum Glauben an den Frieden zu helfen, haben wir wahrscheinlich dieses Jahr besonders nötig!

Bald wird wieder der Alltag kommen. Dann muss wieder entschieden werden, wo die Fremden bei uns ihren Platz haben, damit sie Nachbarn werden können. Bald wird die Frage wiederauftauchen, wann endlich die Güter der Erde besser verteilt werden können und mit welchen Mitteln. Bald werden wir wieder entscheiden müssen, ob wir mit den Wölfen heulen oder unsere Nächsten lieben wollen. Dann geben wir unsere Antwort, die unseren Glauben zeigt.

Niemand sollte der Weihnachtsbotschaft die Schuld dafür geben, dass der Frieden noch nicht so vollkommen sein kann, wie sie ihn in Aussicht stellt. Gott hat die unfriedliche Welt geliebt, damit sie an der Botschaft von seinem Frieden, der durch Liebe und nicht durch Waffen kommt, den Weg zum Frieden immer neu findet. Frieden aber gab es nur, wenn Menschen sich entschließen konnten, für ihn Kopf und Kragen, den guten Ruf und manchen Streit zu riskieren.

Die Sehnsucht nach Frieden kann nicht befriedigt werden, wenn alle Frieden sagen und nur ihre eigene Haut meinen. Die Sehnsucht nach Frieden soll uns so unter die Haut gehen, dass wir uns für ihn einsetzen, wenn wir von der Last des unfriedlichen Lebens ein wenig geruht haben. Alles Schöne, was zum Weihnachtsfest gehört, besitzt seinen Zweck nur darin, unsere Sehnsucht nach Frieden und Versöhnung wieder zu stärken, wenn und weil sie im Laufe der Zeit zwischen den Festen abgenutzt und verschlissen wurde.

Die Weihnachtsbotschaft besteht ausschließlich aus dem fröhlichen Gedanken, dass Gott diese Welt liebt wie sie ist, unverdient und ohne Ende. Eine Botschaft, die unter die raue Haut der schlechten Erfahrungen kriecht und das Herz anspricht, damit wir Kräfte gewinnen zum Frieden, auch wo er fast immer aussichtslos erscheint. So bringt die frohe Botschaft vielleicht keine Besinnlichkeit, aber uns zur Besinnung.

Familienvater A. verlässt die Gesprächsrunde, sobald das Thema Weihnachten auftaucht

Familienvater B. ist Moslem und will im Ramadan fasten, aber auch Weihnachten feiern und ist besonders auf den Weihnachtsurlaub fixiert.

Familienvater C. wird überraschend und plötzlich entlassen, die Weihnachtsamnestie greift.

Familienvater D. kämpft erbittert um seinen Weihnachtsurlaub - nicht weil er besonders fromm wäre, sondern weil er glaubt, einen Anspruch auf gnädige Betrachtung zu haben, soviel weiß er immerhin von Weihnachten. Bekommt er nicht einmal jetzt eine „Chance" - wann denn?

Familienvater E. tut, was er kann, um seinen Kindern wenigstens Geschenke zukommen zu lassen.

Familienvater F. kommt vorzeitig von zu Hause in seine Zelle zurück. Die Freiheit war zu anstrengend.

Schon zwei Monate vor Weihnachten beginnen in den Gefängnissen die Planungen für die Festtage. Chancen auf Beurlaubung zu diesem Fest werden abgewogen. Die Vorbereitungen zur jährlichen Weihnachtsamnestie beginnen. Es zeichnet sich auch ab, wer garantiert nicht - auch nicht urlaubsweise - die Freiheit erblicken wird: Sexualstraftäter und verurteilte gefährliche Gewalttäter. Auch wer noch viele Jahre Haft vor sich hat, kann nicht mit Beurlaubung rechnen. In den Gefängnissen bleibt um die Weihnachts- und Jahreswechseltage ein besonders gekennzeichneter Teil der ohnehin schon extremen Minderheit von zu Gefängnisstrafen verurteilten Männern zurück.

Strafe schließt also das kulturelle Gut Weihnachten nicht aus, auch wenn der Zusammenhang von Religion und Weihnachten fast nicht mehr im Bewusstsein vorhanden ist. Besonders interessant und schwierig wird das bei den moslemischen Gefangenen, für die in diesem Jahr der Ramadan nicht mit dem Advent und dem Jahreswechsel zusammenfällt. Auch sie kämpfen für ihren Weihnachtsurlaub im Sinne einer kulturellen Errungenschaft und wollen doch gleichzeitig auf die besondere Behandlung und Beköstigung zur Fastenzeit nicht verzichten. Die mitgebrachte und die umgebende Religion - beide lassen sich ebenso schwer vereinen wie mitgebrachte und umgebende Kultur. Wollte man moslemischen Gefangenen mit Hinweis auf ihre Religion die Möglichkeiten der "weihnachtlichen Errungenschaften" vorenthalten, wäre ganz schnell von Diskriminierung und rassistischer Ungleichbehandlung die Rede. Familienvater B., der wegen Rauschgifthandels verurteilt ist, darf nicht nach Hause. Es kostet große Mühe, ihn davon zu überzeugen, dass es sich bei dieser Entscheidung nicht um Ausländerfeindschaft handelt.

Von jährlich sechseinhalb Millionen angezeigten Straftaten führen nach der Ermittlung und justitiellen Behandlung rund 0,5 - 0,7 Prozent zu einer Gefängnisstrafe. Rund zwanzig Prozent der in der Weihnachtszeit Inhaftierten kommen in den Genuss von Weihnachtsurlaub. Die Weihnachtsamnestie erfasst alle, deren vorzeitige und endgültige Entlassung aus der Haft regulär zwischen dem 5. November und dem 8. Januar stattfinden soll. Man kann also durch diese Amnestie im günstigen Fall bis zu zwei Monaten Haft sparen. Jedenfalls hatte sich Familienvater C. bereits damit abgefunden, am zweiten Weihnachtstag entlassen zu werden, da kam drei Wochen vorher der Bescheid zur sofortigen Entlassung. Er hatte nicht einmal die Zeit, sich von allen, die ihn zu betreuen hatten, zu verabschieden. Deshalb rief er von zu Hause aus im Gefängnis an und erzählte voll Begeisterung, was seine Frau schon alles geplant hat, den Weihnachtsgutschein von der AWO eingeschlossen. Drei Jahre muss er sich nun wegen der vorzeitigen Entlassung bewähren – was er auch will. Und in die Kirche möchte er jetzt auch häufiger gehen, nicht nur zum Weihnachtsgottesdienst.

Wünsche nach Anerkennung, Barmherzigkeit, Träume von der "heilen" Familie, manchmal sogar etwas wie "Heiligkeit der Familie", das schwingt mit in den Wünschen der Männer, die durch ihre - oft wiederholte - Verurteilung zu einer Haftstrafe gerade die eigene Familie in erhebliche Schwierigkeiten bringen. Was die Wirklichkeit für ebendiese Familien bereithält, wirkt ziemlich unheilig und oft bedrohlich. Deshalb geht der Gefangene A. jedem Gespräch über Weihnachten aus dem Weg. Seine Erwartung ist so übergroß und durch regelmäßige Enttäuschung in der eigenen Kindheit und Jugend so gewachsen, dass er das Thema als inhaftierter Familienvater nicht mehr hören kann. Vielleicht entwickelt er Schuldgefühle gegenüber den eigenen Kindern, denen es jetzt nicht viel anders geht als ihm selbst in seiner Kindheit. Die Botschaft über die Jesus - Ursprungsfamilie erreicht den Familienvater kaum. Jesu Familie entsprach in ihrer von Lukas geschilderten Situation keineswegs dem, was man eine "heile" Familie nennt. Dennoch konnte sie zum Entsetzen und zur Überraschung der "heilen" Familien eine heilige Familie werden.

Wie viele fehlgeschlagene Weihnachtssozialisationen gibt es? Die Erwartung vom Frieden auf Erden kann regelmäßig nicht erfüllt werden. Festtagsstress dominiert da mehr und dort weniger. Das Bild vom Frieden als "heile Familie" verbreiten unverdrießlich die Kirche und die Werbung - beide leben immerhin vom Glauben. Diesen Glauben nimmt Familienvater D. beim Wort. Auch die Gefängnisleitung soll solchen Glauben an die Barmherzigkeit "beweisen". Wie soll er Frieden finden, wenn seine Familie von ihm getrennt Weihnachten erleben und feiern muss? Sein etwas spöttischer Nachbar sagt: "...ohne ihn erleben und feiern darf".

Weihnachten verbringt auch ein Gefangener aus Polen hinter Gittern, der nach seiner Ausweisung und Abschiebung mit seiner Familie wieder in Polen ansässig geworden ist. Er wollte mit seiner Tochter nach Norddeutschland fahren, um die Großeltern zu besuchen. Das als Säugling gestorbene zweite Kind sollte in diesem Advent exhumiert werden, um in die neue / alte Heimat Polen überführt zu werden. Als er sich an der Grenze vorsichtshalber erkundigte, ob die Ausweisungsfrist wirklich zu Ende sei, wurde er festgenommen und - nun allerdings ohne Tochter und unfreiwillig - in das zuständige Gefängnis gebracht. Sollte der Sachverhalt aufgeklärt werden können, mag es sein, dass er bald nach Weihnachten doch wieder nach Polen zurückkehren kann, ohne den Rest der Strafe abgesessen zu haben. Für Ausländer kommt jedoch normalerweise die Weihnachtsamnestie kaum in Frage. Wer von Ausweisung bedroht ist, bleibt auch zu den Festtagen in der Zelle. Die Begründung lautet: Fluchtgefahr, um sich der Strafvollstreckung zu entziehen. Viele können über diese Begründung nur erbost lachen, weil sie alles tun würden, um der Ausweisung zu entgehen.

Gefangener E. sorgt sich erheblich um Geschenke für seine Kinder. Wenn er schon nicht nach Hause darf, möchte er wenigstens in passabler Erinnerung bleiben. Ein Jahr vorher versuchte er es mit ein wenig Druck: Wenn keiner ihm Geld leihe, um seiner Tochter einen Kassettenrecorder zu kaufen, dann wisse er ja, wen er beauftragen müsse, um das Gerät zu "besorgen". Die rechtschaffene Welt sei selber schuld, wenn sie einem Vater das Glück des Schenkens, also der angemessenen Selbstdarstellung, verwehre. Neben der Bestrafung durch Gefängnis wolle sie wohl noch seine Familie und Vaterrolle ganz und gar zerstören. Vor solchen Weihnachtsgedanken kann nur der Vater irritiert zurückschrecken, der es schafft, die Kluft zwischen Wunsch und Wirklichkeit überzeugend für sich und seine Kinder zu überbrücken.

Wünsche machen auch bei denen, die ihrer Umwelt und der Justiz bestrafenswert erscheinen, das Leben aus. Oftmals kamen sie mit den Gesetzen und der Justiz in Konflikt, weil sie nicht zwischen ihren Wünschen und ihren Möglichkeiten zu vermitteln gelernt haben. Sie begreifen sehr genau die Zumutung, mit der das Heil und das Heilige dieses Festes den alltäglichen Verhältnisse begegnet. Viele wissen auch und sehen es mit ihren Augen jedes Jahr wieder, wie die Alltage an der Zumutung des weihnachtlichen Friedens scheitern. Ihn der Zumutung wegen aufgeben, das wäre in ihren Augen der Beweis: Die uns bestrafen und einsperren, glauben nicht an den Frieden und nicht an eine Besserung durch ihre Maßnahmen. Also tun sie es nur, um sich aufzuspielen und niemals, um uns einen Neuanfang nahe zu legen.

Weihnachten, Wünsche, Barmherzigkeit, Frieden, Neuanfang.

„Ich bin ganz froh, dass ich diesmal nicht Weihnachten feiern muss", sagt schließlich der Gefangene G. Er definiert sich mit seinen fünfunddreißig Jahren als Sohn, der wenigstens den Vorteil hat, durch die Haft an der „zwangsweisen" Einladung durch seine Familie gehindert zu sein.

Familienvater F. kommt frühzeitig aus dem Weihnachtsurlaub zurück. Der Stress war zu groß und das Geld zu wenig.

Die Heilige Nacht in der Zelle

Auch die letzte Geburtstagsfeier Jesu in diesem Jahrtausend, nach kirchlicher Rechnung die erste im neuen, verbringen um die fünfzigtausend Männer und mehrere tausend Frauen allein in Deutschland in einer Gefängniszelle.

Die längste Nacht des Jahres in einer Gefängniszelle steht bevor. Sie dauert von halb fünf am Heiligen Abend bis zum Morgen des ersten Weihnachtstages um acht Uhr. Es ist auch die längste Nacht des Jahres für die Nachtdienstbeamten in der Justizvollzugsanstalt.

"Ich habe in den Nachbarzellen starke Männer weinen gehört". Der das sagt, hat bereits viele Weihnachtsfeste in seiner Zelle verbracht. Der eine und andere Gefangene lässt sich am Heiligen Abend schon mittags einschließen, um seine Ruhe zu haben. Uwe* lässt sich seit dreißig Jahren durch häufigere Gefängnisaufenthalte nicht vom Diebstahl abhalten. Er kommt mit dem Verhalten der Jüngeren nicht mehr klar. "Das ist doch kein Gefängnis, das ist ein Kindergarten", lautet seine abschätzige Diagnose. Seine Welt ist eine der klaren Fronten: Hier die Gefangenen - dort die Bediensteten, Freund und Feind klar geschieden.

Zum Gottesdienst am Heiligen Abend kommt er lieber auch nicht. "Da quatschen sie rum! Außerdem kommen sie nur, weil es hinterher Kaffee und Christstollen gibt!" Das Krippenspiel in der Vorweihnachtszeit hatte er jedoch begeistert besucht und war dafür sogar noch am frühen Abend aus der Zelle gekommen.

Die Welt ist in der Zelle auf sieben Quadratmeter reduziert. Radio, CD-Player, Fernseher, Kaffeemaschine, Bett, Waschbecken und Klo - das sind die "Gefährten" auch in der Heiligen Nacht. "Ich mache den Fernseher in der Weihnachtszeit nachts nicht mehr aus. Wenn ich dann aufwache, ist wenigstens einer da", sagt Fred, der Einbrecher. Das passt gar nicht zu seinem abenteuerlichen Erscheinungsbild, tätowiert und gepierct bis unter den Haaransatz. An den anderen Tagen des Jahres erweckt er gerne den Eindruck, ein harter Bursche zu sein, der alles im Griff hat. Seine Mitgefangenen haben nichts zu lachen, wenn sie sich seinen Wünschen nicht fügen. Dem Gefängnispersonal schaut er genau auf die Finger. Jeder Fehler, den sie machen, zieht eine Reihe von Beschwerdeverfahren nach sich. Seine Freundin hat zu funktionieren, seien nun die Kinder krank oder das

Geld zu knapp. "Ich weiß gar nicht, warum du nicht mit dem Geld auskommst!", macht er ihr immer wieder zum Vorwurf.

Wegen seines Weihnachtspaketes 'schwitzte' er schon im November. Sein Geld reicht kaum für die tägliche Tabak- und Kaffeeration. Wenn nun keiner ein Weihnachtspaket schickt? Er ließ der Gefängnisseelsorge deshalb einen ausführlich begründeten Antrag auf den Schreibtisch legen: "Ich erinnere Sie dringend an Ihre Zusage, mir Lachs, Schinken, Tabak und Kaffee zu besorgen! (Bitte nicht von Aldi !!!)" Offenbar hatte er seelsorgerliche Gespräche auf der Ebene seiner persönlichen Vorstellungen von gutbürgerlicher Weihnachtstafel interpretiert.

"Ich sammle mir in der letzten Adventswoche alle Süßigkeiten, die ich kriegen kann. Auch von den Zigaretten habe ich die besten gespart. Nach dem Einschluss in die Zelle schaue ich mir die Christvesper im Fernsehen an," plant Fritz, der Sexualstraftäter. Er besitzt eine stattliche Sammlung von weihnachtlicher Musik und neigt um Weihnachten herum zur Depression.

Viele Zellenfenster sind von innen mit dichtem Stoff verhängt. Die Außenscheinwerfer der Anstalt würden sonst die Nacht in der Zelle nahezu zum Tage machen. Niemand soll die Nacht für dunkle Vorhaben nutzen können, deshalb wird sie im Gefängnishof hell erleuchtet. Die Scheinwerfer dampfen in den Nachthimmel hinein.

Der Mensch ist in seiner Zelle allein und empfindet das als Strafe, auch wenn er äußerlich gesehen mehr zum Leben hat als manche Familie zu Hause. Hat der Gefangene eine Familie, dann zermartert er sich das Gehirn einige Wochen vor dieser langen Nacht, ob es nicht doch eine Möglichkeit gibt, sie nicht in der Zelle, sondern zu Hause verbringen zu können. Rund fünf Prozent der Strafgefangenen bekommen über die Weihnachtstage Urlaub. Vielleicht gründet das Bemühen sich gar nicht auf die Angehörigen und ihre Schwierigkeiten mit dieser Nacht, sondern auf die eigene Angst. Diese Nacht bleibt er sonst gnadenlos allein und weiß, er ist die Ursache für manche Tränen, ausgesprochenen sowie unausgesprochenen Zorn.

So flüchten sich alle in eine "heile Weihnachtswelt", die die meisten von ihnen auch als Kinder nicht erleben konnten. Vorstellungen von Geborgenheit wachsen ins Unermessliche, weshalb die engen Zellenwände gleichzeitig auch Schutz bedeuten. Mancher Urlauber kehrt schon am Heiligen Abend aus dem heiß ersehnten Urlaub bei der Familie oder in der "Freiheit" in den Knast zurück. Freiheit ist anstrengend. Dem einen und anderen aber gefällt die Freiheit so gut, dass er gar „vergisst", zurückzukehren. Die Frau von Thomas hatte ja lange vor Weihnachten schon angedeutet, dass er zu viel Arbeit mache. "Er ist ja schließlich kein kleines Kind, das meinen kann, der Weihnachtsmann würde alle Arbeit über Nacht erledigen." Die Realitätserfahrungen sind für alle Seiten bitter. Sie gehen allerdings auch an den Menschen in Freiheit nicht vorbei.

In den Zellen dieser Welt verbringen Schwerverbrecher wie auch unschuldig verfolgte Menschen Nächte, die Abbild von gottes- und menschenferner Dunkelheit sind. Im kleinen und großen Tun und Erleiden von Hass, Verfolgung, Niedertracht oder Bosheit, Sucht und Abhängigkeit verfinstert sich alles, was Licht sein kann. Die Schuld des einen ist die Not des anderen und umgekehrt. Die Wirkung des Einsperrens in einer Zelle bleibt entgegen der immer mehr zum Wahngebilde entwickelten Vorstellungen von Sicherheit und Strafe auch im Dunkeln. Ob der Zwang zum Alleinsein Menschen einsichtig machen und bessern kann?

Paulus und Silas, unterwegs als Missionare, lobten Gott um Mitternacht im Gefängnis von Philippi und die Dinge wandten sich für sie und alle Beteiligten zum besseren (Apg. 16). Gott öffnete dadurch, dass sie nicht aus dem Gefängnis wegliefen, obwohl sie es hätten tun können, die Herzen des Aufsehers und seiner Familie. Was für den Gefängnisaufseher zum schwärzesten Tag seines Lebens hätte werden können, wurde der Weg zum Licht Gottes.

"Viele Häftlinge werden mit diesen einschneidenden Zwangsmaßnahmen nicht fertig. Der Knastalltag macht sie krank. Sie ertragen nicht die rigorose Beschränkung ihres Lebensraumes, die Enge der Zelle, in denen sie alleine sind mit ihren Sorgen, Ängsten und Gedanken an Angehörige und die Notlage, in der sie zu Hause zurückbleiben. Um zu überleben, beschaffen sie sich Drogen, schnüffeln, kiffen, drücken, demolieren ihre Zelleneinrichtung, oder aber verfallen, wie die meisten, in stille Resignation. Sie verbohren sich in das ihnen widerfahrene Unrecht, ihr Gerechtigkeitsgefühl wird krankhaft einseitig, ihr Triebleben ist gestört. Sie sind in das eigene Leid verliebt, kapseln sich ab und sind ohne Hilfe nicht imstande, sich im Leben zu behaupten. Sie sind nicht fähig, Hilfe anzunehmen." (aus: Gefangener S.E., Einsamkeit). Das gilt für jeden, der zwangsweise in einer Zelle sitzt, schuldig oder unschuldig. Die längste Nacht in der Zelle ist aber der Heilige Abend.

Die andere Angst in der Nacht gilt den bösen oder guten, jedenfalls nicht lenkbaren Geistern. Die Befürchtung, in den Bereich eines Geistes zu geraten, der zerstörerische oder verwirrende Macht besitzt, wird heute verlacht. In anderen Nächten aber haben viele von den Männern, die in der Heiligen Nacht in der Zelle sitzen, ihr "Handwerk" ausgeübt und dadurch anderen Menschen neben körperlichem, seelischem und materiellem Schaden Angst und Schrecken eingejagt. Ihre Zelle ist nun ein Ort verschärften Verlassenseins und verstärkter Angst vor sich selbst und anderen. Wer solche Gefühle zu auffällig zeigt, gilt als „gefährdet". Er wird durch den Nachtdienst alle paar Minuten „beobachtet". Die Dunkelheit darf ihn nicht übermannen.

Alleinsein in der Nacht - das ist die Urangst aller Menschen. Die Hirten auf dem Felde waren Menschen in der Nacht, die die Dunkelheit gewohnt waren. Sie waren nicht allein. Und doch war auch in ihnen die Angst. Sie sahen mit Entsetzen das Licht in der Finsternis auf sich zukommen. Sie hörten Engel, der Tag brach an mitten in der Nacht, ein ganz anderer und doch derselbe Tag. Ein Gefangener erlebte, dass Jesus eines Nachts in seine Zelle kam. Alles war Licht. „Der ist ziemlich verrückt", urteilten die anderen.

Die frohe Botschaft, die mit der Geburt Jesu verbunden ist, wird Jahr für Jahr auch in allen Gefängnissen verkündet. Sie bedrängt auch, denn sie fordert zur Umkehr und zum Neuanfang auf. Muss derjenige sich ausgeschlossen fühlen, der für sich selbst und andere sichtbar nicht umkehrt, sondern weitermacht wie immer? Im Gegensatz zu den gesetzlich vorgeschriebenen Forderungen nach Verhaltensänderung spricht die christliche Botschaft jeden ohne gesetzlichen oder anderen Druck an. Umkehr aus Barmherzigkeit und Liebe – das klingt denn doch etwas fremd im Zwangssystem Gefängnis. An bedingungslose und voraussetzungslose Zuwendung glauben zu lernen, die sich in einem neugeborenen Kind schutzlos zeigt, widerspricht auch zu vielen Lebenserfahrungen nicht nur der Menschen, die sich in den Gefängnissen sammeln. Der massive Gegensatz lässt die Botschaft deutlicher heraustreten als die etwas zu normale Alltagsweihnacht landauf landab es ahnen lässt. Für viele Gefangene muss diese Botschaft nahezu „unglaublich" klingen. Damit aber wären sie dem „Entsetzen" der Hirten ganz nah. Welch bedrohliche Anfrage an die ganze Person in den Tagen um Weihnachten herum auftreten, wenn man sich auf ihre Botschaft einlässt, zeigt das Gedicht eines Gefangenen, dem er den Titel „Neujahr" gab.

Nächte,
voller Friedensgesänge,
Fenster strahlen barmherziges Licht.
Rings um uns her nur Eisengestänge,
Sühnen und Reue heißt unsere Pflicht.

Ziele verloren
Sich schon vor Jahren,
Sinnlosigkeit nahm uns den Mut.
Ist sich doch eigentlich jeder im Klaren,
dieser Vollzug macht keinen mehr gut!

Und so erfüllt sich die Wende des Jahres,
fern von der Letzten, die dich noch liebt,
nur noch mit Kälte,
und du suchst Wahres,
fragst dich wie immer, warum es dich gibt.

(aus: Knastgeflüster, TBT Verlag 1999, S. 13)

Die Nacht in der Zelle ist voll von Unwägbarkeiten, Untiefen und neuen Anfängen – wie andere Nächte eben auch.

Dunkelheit

Dieser Gottesdienst zu mitternächtlicher Stunde bietet die Gelegenheit, über einen Aspekt der Weihnachtsgeschichte zu meditieren. Die Hirten hüteten des nachts ihre Herde. Warum kommen moderne Menschen auf die Idee, nachts einen Gottesdienst zu veranstalten? Weihnachten ist das volkstümlichste christliche Fest. Selbst eingefleischte und hart gesottene Atheisten kommen daran nicht leicht vorbei. Besonders ein arbeitnehmerfreundliches Weihnachten wie dieses Jahr wird gerne mitgenommen. Weihnachten bekommen Geschäftspartner Grüße und Aufmerksamkeiten ganz unabhängig von ihrem Bekenntnis. Wann schon könnte man eine Kirche nachts sonst voll bekommen?

Die heilige Nacht. Wenige Lieder sind weltweit so bekannt wie "Stille Nacht, heilige Nacht". Was ist eine heilige Nacht? Was ist überhaupt eine Nacht? Nächte ohne künstliches Licht sind uns fast nicht mehr vorstellbar. Wer in einer Stadt aufgewachsen ist, hatte seit einigen Jahrzehnten gar nicht mehr die Möglichkeit, Nacht zu erleben. Wäre ohne die Beleuchtung aller Straßen wirklich dieser Gottesdienst möglich? Kann es mit der Dauerbeleuchtung der Nacht noch eine Wahrnehmung der Botschaft geben?

Die Nacht - sie wurde vielen Generationen von Menschen zum Gleichnis der Gottesferne. Johannes mit seinen unnachahmlichen Bildern von Licht und Finsternis ging voran: Das Licht scheint in der Finsternis, doch die Finsternis hat es nicht begriffen. Paulus schrieb von den Kindern der Finsternis im Gegensatz zu den Kindern des Lichts. Christen sind Kinder des Lichts, die sich nicht den Werken der Finsternis verschreiben, also dem, was nicht ans Licht soll. Die Kinder der Finsternis sind die Kinder dessen, der in der Finsternis unter der Erde lebt im Gegensatz zu den lichten Höhen Gottes. Licht ist Schöpfung und Leben. Die erste Schöpfungstat hieß: Es werde Licht!

Auch im neueren Kirchenlied kommt die Nacht vor: „Die Nacht ist vorgedrungen, der Tag ist nicht mehr fern. So sei nun Lob gesungen, dem hellen Morgenstern. Auch wer zur Nacht geweinet, der stimme froh mit ein, der Morgenstern bescheinet auch deine Angst und Pein."

Oder: „Weil Gott in tiefster Nacht erschienen, kann unsere Nacht nicht traurig und nicht endlos sein."

Andererseits wissen wir aus der Religionsgeschichte anderes: Gott will im Dunkeln wohnen, heißt es im Jesaja - Buch. Das erinnert daran, dass das Allerheiligste im Jerusalemer Tempel dunkel war. Der Platz Gottes liegt dort nicht im Licht.

Die Hirten hüteten des Nachts ihre Herde. Nachts auf dem Felde zu sein, war kein Spaß und kein Anlass für irgendwelche hehren Gleichnisse. Eine Herde zu hüten, hieß, auf Raubtiere, die nachts jagen, gefasst zu sein. Die Nacht in der Natur zu verbringen ohne Möglichkeit, einfach Licht zu machen - da ist der Mensch sich und seinen Gefühlen ganz ausgeliefert. Wenn der Himmel nicht bedeckt ist, erhellt das Sternenlicht die Nacht ein wenig. Schatten, die entstehen, machen unsicher, weil sie sich von den Gestalten der Nacht wenig unterscheiden. Angst in der Nacht - das dürfte keine Seltenheit gewesen sein.

Die Finsternis war immer die Urangst des Menschen. Die langen Nächte im Winter ließen immer wieder die Angst aufkeimen, das Leben könne eines Tages nicht mehr vor der Dunkelheit bestehen. Lange Nächte bedeuten wenig oder gar kein Wachstum in der Natur. Die Nahrung wird knapp für Mensch und Tier. So gab es ja auch in unsren Gegenden in den ‚wihen nachten', den geweihten Nächten, von denen das Wort Weihnachten kommt, seltsam anmutende Bräuche, um das Leben durchzubringen und keinen Schaden auf Mensch und Tier übergreifen zu lassen. In den Ställen wurde Licht gelassen, um die bösen Geister abzuwehren. Die Menschen benutzten grüne Zweige nicht wie wir zur Zierde, sondern als Symbol des nicht untergehenden Lebens. Dem hat das Grün zu Weihnachten seinen Ursprung zu verdanken.

In der langen Nacht sind wir aber auch unseren Gedanken und Empfindungen ohne Ablenkung ausgeliefert.

Nächtliche Erfahrungen wirken sehr eindrucksvoll. Im Schlaf arbeitet das Gehirn oder die Seele unabhängig von der Lenkung durch das Bewusstsein. Und im Wachzustand ist bei Dunkelheit die Kontrolle durch das Auge nur sehr unvollständig möglich. Die Geräusche der Nacht umfangen uns. Wir hören nachts mehr. Wohl alle Menschen dieser Welt spürten als Kinder in manchen Nächten die Ängste des Verlassenseins. Die Angst wich erst der Geborgenheit, wenn Vater oder Mutter sie schaukelten, mit sich ins Bett nahmen oder einfach da waren.

Die Angst des Verlassenseins - menschliche Urangst.

Doch daneben gibt es die andere Angst in der Nacht. Die Nacht als Bereich der bösen oder guten, jedenfalls nicht lenkbaren Geister. Mitternacht als Geisterstunde. Die Angst, in den Bereich eines Geistes zu geraten, der zerstörerische oder verwirrende Macht besitzt. Deshalb wurden in manchen Kirchen nachts Messen gefeiert, um auch diese Geister in die Herrschaft des göttlichen Wortes zu bannen.

Das Verschwinden der Sonne überhaupt gab Anlass zur Angst: Im vorigen Jahrhundert tagte irgendwo im Mittelwesten Amerikas ein Parlament. Da trat eine Sonnenfinsternis ein. Eine Panik drohte auszubrechen, weil man den Weltuntergang befürchtete. Daraufhin sagte ein Abgeordneter: „Meine Herren, es gibt jetzt nur zwei Möglichkeiten. Entweder der Herr kommt, - dann soll er uns bei der Arbeit finden. Oder er kommt nicht, - dann besteht kein Grund, unsere Arbeit zu unterbrechen."

Die Hirten auf dem Felde. Menschen in der Nacht. Wahrscheinlich waren die Hirten die Nacht gewohnt. Und doch war auch in ihnen die Urangst aller Menschen. Sie sahen deshalb mit Entsetzen Licht in der Finsternis auf sie zukommen. Sie hörten Engel in der Nacht. Der Tag bricht an mitten in der Nacht. Ein ganz anderer und doch derselbe Tag.

Das Geheimnis der Christnacht oder der Heiligen Nacht: In dieser Nacht geschieht das Neue und Unerhörte. Diese Nacht wird keine Nacht der Angst, sondern eine Nacht der Geborgenheit. Die Hirten haben dem Licht in der Nacht vertraut und ihr Heil gefunden, nicht ohne sich sehr gefürchtet zu haben.

Der Gottesdienst um Mitternacht - ist er nicht eine Nachahmung der nächtlichen Erfahrung der Hirten? Auf unsere Dunkelheiten, Erwartungen und Ängste antwortet das Licht Gottes. Es hat nicht die Dunkelheiten beseitigt. Aber es hilft, sie anders zu beleuchten.

Die Nacht in dieser Welt hat dieses Jahr wieder Namen: Sie heißt Golfkrise, Not in der Sowjetunion, Hunger in Afrika. Aber sie heißt auch Angst vor der Einsamkeit, Angst vor den eigenen Freunden, Mutlosigkeit im Blick auf die Zukunft, Krankheit, Abhängigkeit, und was dergleichen mehr ist.

Es gilt in dieser Nacht, deshalb ist sie die Heilige Nacht, die Zusage Gottes für die Welt: Frieden auf Erden. Die alten Verheißungen vom Frieden in der Natur und unter den Menschen sollen wieder stark in uns werden. Der Gedanke und der Wunsch nach Frieden, nach Überwindung der Nacht und nach dem Heraufkommen das Tages - es ist nicht bloß ein Gedanke für diese eine Nacht. Wir alle sollen uns jetzt des Wunsches nach hellem friedlichem Licht in und um uns bewusstwerden und ihn als unseren Wunsch sehen lernen.

Die Christnacht als heilige Nacht ist die Erfüllung dieses Wunsches. Nicht mit Macht, nicht mit Glanz und Gloria, sondern in einer seltsamen Erscheinung erfüllt sich der Wunsch. Mitten in der Nacht beginnt die neue Schöpfung. Sie vertreibt nicht alle Nächte und alle Nacht auf dieser Welt. Aber sie schafft Menschen, die die Nacht bestehen können in der Hoffnung auf das Licht.

Dankbar können wir sein, dass es eine Nacht gibt, in der wir uns erinnern, dass alle unsere Nächte in der Hand Gottes geborgen sind. Auch wenn wir uns sehr erschrecken würden, wenn wir einen Engel sähen, so birgt doch diese Geschichte von einer Nacht in Bethlehem die Rettung.

„Noch manche Nacht wird fallen, auf Menschenleid und Schuld, doch wandert nun mit allen der Stern der Gotteshuld. Beglänzt von seinem Lichte hält euch kein Dunkel mehr. Von Gottes Angesichte kam euch die Rettung her."

In unserer Seele ist oft mehr Licht, als wir glauben wollen. Wir sehen manches besser als wir zugeben. Aber mit dem Sehen und dem Überwinden der Nacht hängt oft einige Unbequemlichkeit zusammen. Deshalb verschließen wir manchmal die Augen, solange es geht. Die Nacht, die dadurch entsteht, kann zur bitteren Nacht für uns selbst und andere werden.

also ist der große Tag wieder vorbei, an dem wir dreimal eine volle Kirche haben. Das vom Sonntagsblatt so genannte ‚unverwüstliche Fest' nimmt seinen Gang. Fast wie ein Traum neigt es sich jetzt hinüber zum Jahreswechsel, der nächsten großen Gelegenheit zum Feiern. Wir kehren mit unseren Gedanken noch mal um zu der Verheißung aus dem Alten Testament, die der Prophet Micha gesagt hat:

„Du, Bethlehem Ephrata, die du klein bist unter den Städten in Juda, aus dir soll mir kommen, der in Israel Herr sei, dessen Ausgang von Anfang und von Ewigkeit her gewesen ist. Indes lässt er sie plagen bis auf die Zeit, dass die, welche gebären soll, geboren hat. Da wird dann der Rest seiner Brüder wiederkommen zu den Söhnen Israel. Er aber wird auftreten und weiden in der Kraft des Herrn und in der Macht des Namens des Herrn, seines Gottes. Und sie werden sicher wohnen; denn er wird zur selben Zeit herrlich werden, soweit die Welt ist. Und er wird der Friede sein.“ (Micha 5, 1 - 4a)

Die Verheißungen wandeln sich im Laufe der Geschichte der Israeliten. In dieser aber finden sich alle Motive, die mit der Geschichte des Messias zusammenhängen.

Der Messias, der Gesalbte des Herrn kommt aus der gegenüber dem Weltzentrum Jerusalem und erst recht gegenüber den anderen Zentren der Welt aus der unbedeutenden Stadt Bethlehem.

Gestern konnte man hören, dass die Weihnachtsfeierlichkeiten in Bethlehem mit stärksten Sicherheitsmaßnahmen umgeben waren, weil in den arabischen Gebieten Israels Unruhe herrscht. Die kleine Stadt Bethlehem war schon einmal Zentrum der israelitischen Welt, allerdings im Verborgenen. Der Prophet Samuel sollte dort den Nachfolger des noch regierenden Königs Saul finden und wurde von Gott schon damals ausgerechnet zum kleinsten Jungen der Familie des Isai geführt. So könnte man auch sagen, Bethlehem sei schon damals ein Ort innerisraelischer Opposition gewesen. Gott hatte die Amtsenthebung des herrschenden Königs beschlossen, als er den neuen suchen ließ. Im Verborgenen wirkte die Salbung des David. Saul allerdings wusste davon, denn der Prophet hatte ihm mitgeteilt, dass Gott nicht mehr mit ihm zufrieden war.

Wenn wir diesen Zug der Messiasverheißung weiterverfolgen, dann zeigt sich in der Geburtsgeschichte Jesu ein ähnliches Motiv: Im Verborgenen für die Großen der Welt spielt sich das Entscheidende ab.

Wenn man Lukas folgt, lieferte der römische Kaiser Augustus sogar den Anlass dafür, dass Jesus in Bethlehem geboren werden konnte. Er gab ja schließlich den Befehl, dass ein jeder in seine Vaterstadt zurückkehren müsse. Und er wusste nicht, was er tat. Nach Matthäus konnten die Gelehrten des Herodes sehr wohl den Ort der Geburt Christi ausfindig machen. Sie bezogen sich auf den Propheten Micha, Kap. 5.

Bei Micha schon bekommt der verheißene Messias nicht nur die Würde des Sohnes Davids, den Gott zu seinem Sohn annimmt, sondern die Würde der Präexistenz, die sich im Johannesevangelium wiederfindet. Der Messias ist der, den Gott von Anfang an ausersehen hat, eines Tages sein Volk zu erretten. Für unser Verständnis, das nicht so sehr mit Symbolen und Mythen, sondern eher mit Fakten und folgerichtigen Abläufen zu tun hat, stellt sich hier ein Problem: Wieso hat Gott denn nicht von Anfang an alles so gemacht, wie er es haben wollte? Warum mussten die Menschen erst in die Irre gehen und müssen es noch? In unserer Denkweise blenden wir unsere eigene Wirklichkeit oft aus. Die Geschichte des Einzelnen und der Völker verläuft nicht im Geradeausmarsch, sondern in manchmal wirren Zyklen hin und her. Die Verheißung drückt mit dieser Präexistenz aus, dass es Gottes Wille von Anfang an ist, im Volk Israel die Menschen zu retten.

Das nächste Motiv ist die apokalyptische Notzeit. Bereits der König Ahas bekam gesagt, das Zeichen der Notwende sei die Geburt eines Kindes, das „Gott ist mit uns" heißt. Die Plagen der Endzeit, in die sich dieses Motiv verwandelt hat, scheinen heute vielen Menschen immer näher zu kommen. Hier heißt es sogar: Gott lässt sie plagen. Die Plagen als Zeit der Erwartung und der Geburtswehen des neuen Zeitalters - auch das ist uns wohl im Innersten bekannt, passt aber nicht in die Versionen der sauberen Geschichte. Die Logik der Religion ist eine andere als die Logik des Verstandes. Fast jeder von uns weiß, wie vor schweren Entscheidungen oder bei bevorstehenden Ereignissen die Seele in Verwirrung kommt, bis sich mit einem Male oft Klarheit einstellt. Selbst beim Umgang mit Krankheit und Tod geschieht es so: Die Plagen, die wir durchleben, sind die Vorboten der Annahme des Unvermeidlichen.

Der nächste Satz zeigt die messianische Hoffnung der Israeliten: Der Rest, der seit langen Jahrhunderten verstreute Rest des Volkes Israel wird sich wieder einfinden. Die Israeliten waren durch die Ereignisse der Geschichte in der ganzen damaligen Welt verstreut. Aber sie gaben die Hoffnung auf die Rückkehr in das gelobte Land nie auf. Für uns Christen hat sich diese Hoffnung in der Pfingstgeschichte erfüllt: Da kamen sie nicht nur, sondern konnten sogar alle die Botschaft verstehen.

Das Zeichen des Messias wird die Macht Gottes sein. Er braucht keine andre Bestätigung. Diese Macht im Namen des Herrn erkennt jeder sofort. Es braucht keine Erklärungen und Gewehre zur Durchsetzung. Fälschlicherweise bezogen manche Menschen zu manchen Zeiten die Macht Gottes auf Personen, die sich mit der Macht der Gewehre durchsetzen mussten. Die Macht Gottes ist eine Macht, die sofort dem Herzen einleuchtet. Wenn es nicht so viele verstockte Herzen gäbe, wer weiß, wie dann die Menschheit lebte. Aber viele haben sich der Macht Gottes auch anvertraut und suchen in ihr Frieden. Das Ergebnis der Macht Gottes ist das sichere Wohnen der Menschen. Dieses sichere Wohnen beschreibt eine Friedensvision: Sie werden unter ihrem Weinstock sitzen und niemand wird sie erschrecken. Und sie werden aus Schwertern Pflugscharen und aus Spießen Sicheln machen. Diese Vision hat oft trügerische Züge angenommen, wenn Menschen versucht haben, sie mit Gewalt durchzusetzen. Im Namen des Herrn und in der Kraft Gottes wenden sich die Herzen der Menschen und die Vision wird so Wirklichkeit. Er wird der Friede sein, nicht wir werden den endgültigen Frieden schaffen.

So also fasst Micha die Verheißungen zusammen. Wir glauben, dass Jesus der Verheißene ist, der Friedefürst. Er ist unser Friede und das Licht der Welt als Weg zum Leben, in dem das Zerstreute gesammelt, das Dunkle erhellt, das Verletzte geborgen und die Trauer geheilt wird. Er ist das Licht der Welt, in dem wir die Zeichen der Liebe Gottes von Anfang bis Ende erkennen. Er wird herrlich werden, so weit die Welt ist: Die Botschaft ist bestimmt für die Welt, für unsere ganze persönliche und für die Welt im Großen. Der große Tag ist nicht mit dem gestrigen Datum vergangen, er kommt immer neu und damit die Gelegenheit zum Glauben.

Dort, wo ich aufgewachsen bin, gab es eine ganz andere Festordnung als hier und heute. Der Heilige Abend war ein ganz normaler Arbeitstag. Abends trieb sich der Knecht Ruprecht auf den Straßen herum. Die Bescherung in der Familie fand dann am Abend statt. Kirchlich wurde das Fest erst am 1. Weihnachtstag mit einer vollen Kirche. Seither hat sich das Ganze in vieler Hinsicht endgültig auf den Heiligen Abend verlagert: die vollen Kirchen, die Bescherung, das Familienessen, die Stimmung. Ich finde es allerdings nicht verwerflich, sondern erstaunlich und für den christlichen Glauben gewinnbringend, dass sich beim Weihnachtsfest in dieser Weise Familie, Kirche, Gesellschaft, Stimmung und Religion verbinden. Wer unbedingt die Negativseiten dieser Medaille sehen will, wird von niemandem gehindert. Ich glaube und denke und hoffe, dass sich ein wenig Feststimmung ins Leben hineinretten lässt und so dem Glauben an die in Jesus Christus versprochenen Gaben weiterhilft.

Der heutige Predigttext scheint nun allerdings weit entfernt von dem Heiligabendgemisch und der Geschichte vom Kind in der Krippe.

„Am Anfang war das Wort, und das Wort war bei Gott...", nachzulesen bei Joh. 1.

Der Anfang dieses Textstückes aus dem Johannesevangelium musste im Oberstufenkurs Religion immer für eine philosophische Denkschulung herhalten. Hier wird sehr schön ein Zirkelschluss gezeigt. "Im Anfang war das Wort, und das Wort war bei Gott, und Gott war das Wort. Dasselbe war im Anfang bei Gott." Gott und das Wort definieren sich gegenseitig ohne einen weiteren äußeren Bezugspunkt. Ist nun das Wort etwas anderes als Gott? Wenn es bei Gott ist, wie kann es dann gleichzeitig Gott sein?

Wer so weiterdenkt, kann nicht an Goethes Faust vorbei:

> „Geschrieben steht: ‚Im Anfang war das Wort!'
> Hier stock ich schon! Wer hilft mir weiter fort?
> Ich kann das Wort so hoch unmöglich schätzen,
> Ich muss es anders übersetzen,
> Wenn ich vom Geiste recht erleuchtet bin.
> Geschrieben steht: im Anfang war der Sinn.
> Dass deine Feder sich nicht übereile!
> Ist es der Sinn, der alles wirkt und schafft?
> Es sollte steh'n: im Anfang war die Kraft!

Doch, auch indem ich dieses niederschreibe,
Schon warnt mich was, dass ich dabei nicht bleibe.
Mir hilft der Geist! Auf einmal seh' ich Rat,
Und schreib' getrost: im Anfang war die That!"

Schöne Wortklauberei! Sollte man also philosophisch an diese Sätze herangehen? Interessant wäre es! Es würde zunächst zum Schöpfungsbericht Nr. 1 führen. „Und Gott sprach: Es werde Licht und es ward Licht." Gott schafft durch sein Wort. Was ist das Wort Gottes? „Ohne dasselbe ist nichts gemacht, was gemacht ist... In ihm ist das Leben und das Leben war das Licht der Menschen...". Das Wort ist Leben und Licht. Durch das Wort ist das Leben geschaffen. Dies kommt nun in die Finsternis, doch die Finsternis hat's nicht ergriffen.

Ergebnis der philosophischen Bemühungen: Wer die Voraussetzung akzeptiert, kann folgen. Wer aber die Voraussetzung nicht akzeptiert, kann nicht folgen. So handelt es sich also nicht um Philosophie, sondern um Glaubenssätze. Für Philosophen unter uns gilt noch der Hinweis auf den Skeptizismus, der philosophisch nachweist, dass alles, was Menschen in ihrer Erkenntnisfähigkeit von sich geben können, lediglich aus Glauben und niemals aus Wissen besteht.

Der Prolog des Johannesevangeliums stellt in einer Art Bekenntnis dar, was der Autor von dem hält, über den er schreibt. Er ist das fleischgewordene Wort Gottes, das von wenigen nur als solches erkannt wurde, dann aber in seiner vollen Gnade und Herrlichkeit zu sehen war. Entscheidend daran scheint mir: die Herrlichkeit des Wortes Gottes zeigt sich im Menschen Jesus.

Dazu gleich mehr.

Zunächst noch ein paar Gedanken zu den Anfängen der Evangelien.

Matthäus zeigt in einem Stammbaum die Herkunft Jesu von Abraham und David durch seinen leiblichen Vater Josef und in der Geburtsgeschichte noch eine darüber hinaus gehende Abstammung von Gott durch den Heiligen Geist. Darin wird das Bemühen deutlich, die alten Verheißungen als erfüllt und Jesus als den wahren Christus anzusehen. Der Geburtsgeschichte folgen weitere interessante: die Magier aus dem Osten, die Flucht nach Ägypten und der Kindermord des Herodes.

Markus bringt keine Geburtsgeschichte und auch keinen Stammbaum. Bei ihm tritt die Gottessohnschaft durch die Taufe ein. Das

Evangelium beginnt mit dem Vorläufer Johannes und der an die Taufe anschließenden Wirksamkeit Jesu.

Lukas erläutert die Verknüpfung von Johannes, dem Vorläufer, und Jesus, dem Sohn des Allerhöchsten in einer komplizierten Ankündigungsgeschichte, einer ergreifenden Schwangerschaft und Geburt der beiden. In Kapitel 3 wird sogar noch ein Stammbaum hinzugefügt, der bis auf Adam zurückreicht.

So versucht jeder Evangelist dem Glauben Ausdruck zu verleihen, dass Jesus auf irgendeine Art in besonderer Verbindung mit Gott stehe.

Nun zu Johannes: Der die Welt gemacht hat, durch den alles ist, was ist, der kam selbst in die Welt. Sie aber erkannte ihn nicht! Die Seinen nahmen ihn nicht auf. Das Kennzeichen der Welt ist nach Johannes, dass sie das verschmäht, was ihr Licht und Leben gibt. Diese Welt ist Finsternis, die Welt der Angst, die Welt des Todes.

„In der Welt habt ihr Angst..."

Wer das fleischgewordene Wort Gottes nicht als das erkennt, was es ist, bleibt in der Welt der Finsternis, der Angst und des Todes. Und wer wollte sagen können, diese Welt sei nicht mehr da? Nicht alle Menschen empfinden die Welt so wie Johannes und beschreiben sie so. Aber wir wissen auch aus der Wissenschaft und der Forschung im Weltraum: Die Welt, der Kosmos, ist an vielen Stellen unbeschreibliche Dunkelheit. Das Licht des Lebens ist in diesem Kosmos die Ausnahme. Auch im einzelnen Leben ist Angst, Dunkelheit und Tod. Johannes sieht die Welt also ganz der Finsternis verfallen, die das wahre Licht nicht ergreifen kann.

Nun aber folgt erst der entscheidende Satz: Wer ihn aufnahm, wer also lernte, an Jesus zu glauben, der wird ein Kind Gottes, ein Kind des Lichtes, ein Wiedergeborener. Wer glaubt, ist nicht in der Finsternis verloren, sondern hat das ewige Leben.

In der Geschichte von Nikodemus erläutert Johannes, wie der Mensch das neue Leben findet: durch den Glauben an den eingeborenen Sohn Gottes.

Dieser im Gegensatz zur Weihnachtsgeschichte des Lukas etwas schwierig und spröde wirkende Prolog des Johannesevangeliums sagt auch nichts anderes als dieselbe Botschaft. In dem Menschen Jesus sehen wir Gott. Und der ist unser Leben.

Gott wurde Mensch - nicht Mensch wurde Gott.

Oder - was die Botschaft uns nun zu sagen hat:

Ganz abseits von allen anderen Philosophien und Religionen liegen die Aussagen des Neuen Testamentes nicht. Alle versuchen, die Not und Finsternis des menschlichen Lebens zu benennen und Wege zu ihrer Überwindung zu zeigen. Bei den einen geschieht dies durch wahre Erkenntnis, bei den anderen durch wahre Meditation oder andere Übungen. Es gibt allerhand Wege und Vorschläge für uns, uns zu vervollkommnen und anders zu werden als wir sind.

Das Neue Testament zeigt keinen Weg zur Vervollkommnung. Sein Weg widerspricht den anderen. Nicht der Mensch vervollkommnet sich, und kommt so Gott oder der Lösung seines Rätsels näher und vertreibt die Finsternis. Gott kommt vielmehr zum Menschen in seine Finsternis. Gott wird unser Bruder in Jesus. Gottes Liebe zu den Menschen ist so groß, dass er diesen Weg zu uns geht.

Dem entspricht der Weg, den wir gehen. Keine Übung kann die Finsternis vertreiben, keine Meditation und keine Philosophie die Welt ändern, keine Religion sie aus den Angeln heben. Allein der Glaube stellt den Menschen ins Licht. Das Hineinfinden in das Licht der Liebe Gottes schafft das ewige Leben.

Gott wird Mensch. Dieses Wunder zu beschreiben ist das Ziel der weihnachtlichen Freude. Da geschah etwas ganz ohne Notwendigkeit allein aus Liebe. Liebe, die nicht von Licht oder Finsternis, Wohlverhalten, Unterwerfung oder Ergebenheit abhängt. Unverfälschte Zuwendung, indem Gott in seinem Wort eine ganz neue und ihm bisher nicht vertraute Seinsweise auf sich nimmt.

Das Wort ward Fleisch und wohnte unter uns, und wir sahen seine Herrlichkeit, eine Herrlichkeit als des eingeborenen Sohnes vom Vater, voller Gnade und Wahrheit.

Seine Herrlichkeit ist die eines Menschen unter uns und in unserer Finsternis, damit wir das Licht sehen. Nicht der Verstand kann das begreifen. Die Seele fühlt sich durch Glauben hinein in ein solches Wunder und kommt so zum Licht und zur Herrlichkeit Gottes.

Glauben kann lobendes Nachempfinden, Sich- hineinversenken, staunendes Anbeten und demütiges Annehmen sein.

Zu allen Zeiten gibt es Riten für neue Anfänge oder für das Ende eines Zyklus. So auch der Jahreswechsel. Er liegt noch im Weihnachtskreis, gehört zu den dunklen Tagen. Auch dieser Jahreswechsel gehört damit zu den Festen, die mit der Wiederkehr der Sonne zu tun haben, mit der Angst vor dem Ende und der Hoffnung auf einen neuen Anfang. Zu allen Zeiten gab es Glaubensvorstellungen, die sich mit diesem Wechsel verbunden haben. Daher rühren all die Bräuche, die sich auch zum Jahreswechsel erhalten haben.

Das Schießen: Vertreibung der bösen Geister, damit sie nicht Einfluss für die kommende Zeit nehmen können und so dem Leben schaden.

Das Wachbleiben: Wach sein gegenüber dem Einfluss der bösen Kräfte, damit sie nicht gleich am Anfang des neuen Jahres Einfluss auf die kommende Zeit gewinnen. Das sind die beiden Hauptbräuche. Zusammen damit gibt es viele große und kleine Rituale. Das Glückwünschen zum neuen Jahr dient dazu, dass auch die Nachbarn sich in die Abwehr der dunklen Kräfte einschalten und ihren Willen bekunden, dem anderen nichts Böses zu wünschen.

Auch die sogenannten guten Vorsätze dienen dazu, die eigenen Willenskräfte gegen die Angriffe des Bösen zu stärken.

Die Wurzel aller Festtage in dieser Zeit liegt damit in der Überzeugung, man müsste als Mensch sich gegen den Einfluss der bösen und lebenszerstörenden Kräfte wehren. Dahinter steht die Angst des Menschen vor dem Ausgeliefertsein an die bösen Kräfte - wenn nicht bestimmte Riten stattfinden.

Jesus sprach zu seinen Jüngern: Lasst eure Lenden umgürtet sein und eure Lichter brennen, ... Seid auch ihr bereit, denn der Menschensohn kommt zu einer Stunde, da ihrs nicht meint.

Lukas 12, 35 – 40

__35__ Lasst eure Lenden umgürtet sein und eure Lichter brennen

__36__ und seid gleich den Menschen, die auf ihren Herrn warten, wann er aufbrechen wird von der Hochzeit, auf dass, wenn er kommt und anklopft, sie ihm sogleich auftun.

__37__ Selig sind die Knechte, die der Herr, wenn er kommt, wachend findet. Wahrlich, ich sage euch: Er wird sich schürzen und wird sie zu Tisch bitten und kommen und ihnen dienen.

38 Und wenn er kommt in der zweiten oder in der dritten Nachtwache und findet's so: Selig sind sie.

39 Das sollt ihr aber wissen: Wenn der Hausherr wüsste, zu welcher Stunde der Dieb kommt, so ließe er nicht in sein Haus einbrechen.

40 Seid auch ihr bereit! Denn der Menschensohn kommt zu einer Stunde, da ihr's nicht meint.

Auch der christliche Glauben ist ein Weg, diese Angst zu bearbeiten. Schon das Weihnachtsfest soll mitten in der dunklen Zeit die neue Hoffnung durch die Geburt Jesu augenfällig machen. Gott hat uns nicht verlassen, heißt die Botschaft dieses Festes. Im Gegenteil: Er kommt zu uns als Mensch, er ist uns nahe und nimmt uns an - mit der Angst vor den zerstörenden Mächten, die sich in Sünden ausdrücken.

Zum Ende des Jahres und zum Anfang des neuen versichern wir uns unseres Glaubens. Die Mächte sind längst besiegt, unsere Zukunft steht unter der Zusage der Rettung. Die Zusage aber hat schon manchen Menschen unruhig gemacht. Wann endlich tritt sie ein? Wann kommt das Ende all dessen, was die Welt beherrscht, wirklich? Sollte es am Ende doch so sein, dass sich alles nur wiederholt und wir im ewigen Kreislauf des Gleichen untergehen, statt der Rettung entgegen? Viele Menschen sehen jetzt wieder mit Schrecken das ewige alte Lied durch die Aufmärsche am arabischen Golf bestätigt. Kann es gelingen, Frieden und Gerechtigkeit herzustellen ohne Blut zu vergießen und damit neuen Hass zu schüren?

Mancherlei anderes mag den einzelnen und die einzelne von uns umtreiben. Da sind die schlechten Erfahrungen, die nicht recht weichen und keine neue Hoffnung aufkeimen lassen wollen. Wer von seinen Mitmenschen, vielleicht von den allernächsten, enttäuscht wurde, oder auch sich nur so fühlt - der wird es schwer haben, jetzt neue Hoffnung zu fassen. Hilft es da vielleicht, nicht an der Enttäuschung hängen zu bleiben, sondern sich nach dem auszustrecken, was weiterhelfen kann: nach der Zusage, dass Gott unsere Enttäuschungen trägt und wir deshalb leben können? Enttäuschung kann oft gerade dadurch überwunden werden, dass der oder die Enttäuschte einen neuen Anfang probiert und nicht wartet, bis die anderen sich endlich wieder von einer besseren Seite zeigen. Die Enttäuschung verschwindet damit nicht einfach, aber es wächst die Kraft, sie zu tragen und dann durch neue Erfahrungen zu überwinden.

Was treibt uns noch um? Es sind oft gar nicht die hinter uns liegenden Ereignisse, die uns umtreiben, sondern die Ängste und Sorgen oder auch Hoffnungen, die daraus erwachsen. Viele treibt einfach die Frage um, was im nächsten Jahr vielleicht aus ihnen wird oder nicht wird. Ob es sich weiter so entwickelt wie dieses Jahr oder ob es neue Wege geben wird.

Auch hier heißt die Zusage: Der uns rettet, ist auch im nächsten Jahr da. Er wird Kraft geben, nicht nur auf irgendetwas zu warten, sondern sich neu zu einem Ziel aufzumachen und sich dafür einzusetzen. Er wird auch Kraft geben, sich in das Unvermeidliche zu schicken, wenn es wirklich unvermeidlich ist. Was aber für uns bleibt, ist die Aufgabe, eigene Ziele und Vorstellungen zu entwickeln und uns für ihre Verwirklichung einzusetzen.

„Lasst eure Lenden umgürtet sein und eure Lichter brennen..."

Treibt uns nicht oft einfach der Glaube um, man könne ja doch nichts ändern? Ich muss gestehen, dass mir dieser Glaube auch oft sehr nahe liegt. Das wäre gleichbedeutend damit, den Gürtel abzulegen und die Lampen auszublasen.

Die Dinge und Ereignisse werden nicht dadurch anders, dass wir uns ihnen ängstlich unterwerfen. Es sind nicht die Mächte unserer bisherigen Erfahrungen, die uns gefangen halten, es ist Christus, der uns neue Zukunft schafft.

„Wenn ein Hausherr wüsste, zu welcher Stunde der Dieb kommt, ließe er nicht in sein Haus einbrechen." Wie kann man das übersetzen? Vielleicht wird es aus dem Gegenteil klar! Diejenigen, die um die Stunde zu wissen glauben, stehen immer bereit! Das sind die, die uns verwirren, die uns vorgaukeln, es sei alle Not des Lebens zu lösen und zu beseitigen, wenn wir ihnen nur anhängen. Manche suchen das Heil in der Beschwörung der Geister, im Glauben an den Teufel, in der Hoffnung auf irgendein Jenseits oder in der Macht der Sterne. Aber auch unter den Christen gibt es viele, die immer wieder behaupten, die Zeichen der Endzeit ganz genau zu kennen. Damit ziehen sie ängstliche Menschen, die um ihre Rettung bangen, ganz in ihren Bann.

All diese Vorstellungen gewinnen Kraft, für den, der an sie glaubt. Wer an sein Horoskop glaubt, dem wird es auch das bringen, was er glaubt, und wenn es eine böse Sache ist. Wer daran glaubt, die Zeit und Stunde genau zu wissen, wird sich darum kümmern, wie er möglichst noch rechtzeitig auf die Seite derer kommt, die gerettet werden. Möglicherweise vergisst er so das Gebot der Nächstenliebe und arbeitet denen in die Hände, denen man eigentlich in den Arm fallen müsste. Wenn ich die Umweltzerstörung für eine Strafe Gottes halte, die zudem noch die Endzeit ankündigt, werde ich wahrscheinlich wenig Bereitschaft wecken, für die Bewahrung der Schöpfung einzutreten.

Dass wir von den Kräften, die uns umgeben, in irgendeiner Weise beeinflusst werden, ist sicher nicht von der Hand zu weisen. Von der Hand zu weisen ist aber der Glaube, man könne die Natur, das Schicksal und die Sterne irgendwie beeinflussen und sich so seiner Stunden ganz sicher sein. Das ist auch ein Glaube, aber nicht der christliche. Wenn unser Schicksal schon festliegt in übernatürlichen oder jenseitigen Kräften, dann wäre die Zeit des Wachseins unnütz vertan. Jeder müsste sich nur noch einfügen.

Nach dem, was Lukas über die Erwartung des Herrn geschrieben hat, gehen wir mit der Zeit in einer ganz anderen Weise um. Wir erwarten das beste, was passieren kann, aus der Zukunft: Unser Retter kommt! Wir wissen aber nicht, wann es soweit sein wird. Daraus kommt die Offenheit für die Zeichen seines Kommens.

Es muss nicht immer so sein, dass wir durch die Ereignisse und Erfahrungen in Angst versetzt werden müssen und es ist auch nicht so, dass die erfreulichen Erlebnisse uns durchs Leben bringen müssen. Unser Herz - unser Innerstes, unser Zentrum, unsere Seele - sie richten sich nach dem Glauben an die Barmherzigkeit und Liebe Gottes, die in Jesus Mensch geworden ist und noch eine große Zukunft haben wird. In dieser Erwartung können wir fähig werden, ohne Angst und in Geborgenheit alle Höhen und Tiefen zu durchschreiten.

Geborgenheit so oder so, das schafft der Glaube. Was immer die Tage des nächsten Jahres bringen, nichts kann uns aus der Liebe Gottes reißen, nichts kann aber auch die Liebe Gottes ersetzen. Gott ist mit seiner Zukunft für jeden einzelnen von uns da und bleibt, wenn die Beziehungen sich bessern oder verschlechtern, wenn die Mitmenschen sich mehr oder weniger kümmern, unser Zentrum, das uns stabilisiert.

Der Wechsel der Jahre, der Erfahrungen, das Auf und Ab des Lebens, steht nicht unter dem Diktat der Angst oder dieses und jenes Schicksals. Alles kann in der Hoffnung und Erwartung auf die große Zukunft Gottes ruhen. Das schafft Kraft und Mut, wirklich zu leben und auch einmal neu anzufangen, aus der Erwartung in die Zukunft heraus.

Wachsam sollten wir besonders auch mit den Gedanken in uns umgehen, die uns in der Hoffnung müde machen. Das neue Jahr wird ein

Jahr werden, in dem die Zukunft Gottes bei uns Platz finden wird. An uns liegt es, im Einzelnen, wie auch für das Ganze, hieße es nun Gemeinde, Stadt oder Welt den Platz der großen Hoffnung offen zu halten und so Gottes Dasein in dieser Welt zu bezeugen.

Eine Jahreslosung (1991)

„Die dem Herrn vertrauen, schöpfen neue Kraft."

Ich mag lieber die alte Übersetzung:

Die auf den Herrn harren, kriegen neue Kraft...

Hoffen und Harren, macht manchen zum Narren: Worauf harren wir?

Verlassen wir uns nicht lieber auf das, was wir bereits haben?

Gibt es überhaupt noch etwas, darauf zu warten?

Ein Kind wartet auf seine Eltern, auf seine Freunde, auf das Erwachsenwerden; ein Lehrling auf das erste eigene Gehalt, ein Freund auf seine Freundin, die Freundin auf den Freund.

Worauf wartet ein Erwachsener? Auf die nächste Lohnerhöhung, auf das neue Auto, auf Weihnachten dieses Jahr oder auf den Urlaub, oder doch bloß auf den Krimi am Abend?

Warten wir auf Frieden oder doch lieber auf eine spannende Auseinandersetzung, bei der die Fetzen fliegen?

Es gibt selten Menschen, die warten. Jedenfalls bei uns in Deutschland. Bisweilen wartet jemand auf seinen Bus. Und einige warten schon gar nicht mehr. Zu Weihnachten haben wieder manche auf Post oder Besuch gewartet, der wieder nicht kam! Einige warten darauf, dass sie vielleicht doch eine Wohnung bekommen. Und einige harren des Gerichtsvollziehers, ob er diesmal vorbeigeht.

In anderen Ländern sieht man oft Menschen warten, am Straßenrand, in Dörfern, auf dem Marktplatz, im Cafe. Wir Nordeuropäer wissen nicht, ob sie wirklich warten oder nur sitzen und ihres Lebens froh sind ...

Wann habe ich das letzte Mal auf jemand gewartet und was ging mir dabei durch den Kopf?

Die auf den Herrn harren, kriegen neue Kraft...

Einer der wartet, hat wohl nichts zu tun! Vielleicht gibt es Punkte, an dem das Warten und Harren zur lebensbedrohlichen Erfahrung wird: Beim Eintritt in den Ruhestand, wenn einfach nichts mehr da scheint, auf das zu warten sich lohnt, oder bei einem von seinem Partner verlassenen Menschen, der alle Hoffnung auf die Rückkehr des anderen setzt - und auch bei Kindern, die von Eltern verlassen wurden.

„Er gibt dem Müden Kraft und Stärke genug dem Unvermögenden. Männer werden müde und matt, Jünglinge straucheln und fallen; aber die dem Herrn vertrauen, kriegen neue Kraft, dass sie auffahren mit Flügeln wie Adler, dass sie laufen und nicht matt werden, dass sie wandeln und nicht müde werden." (Jes. 40, 29-31).

Auf was kann er sich noch verlassen, wem vertrauen? Nun kommt die neue Übersetzung zum Zuge. Die dem Herrn vertrauen, kriegen neue Kraft. Wenn auch das Warten nicht so sehr in Mode ist, so ist doch das Vertrauen .... oder doch nicht?

Vertrauen... auf wen verlasse ich mich? Auf meine Rente oder mein Gehalt. Wenn das nicht käme.... Auf die da oben, dass sie richtig regieren? Auf die Mitmenschen und das, was sie tun oder lassen? Auf meine Familie? Auf meine Leistungen und Leistungsfähigkeit?

Viele wissen ja aus Erfahrung, wie das ist, wenn man sich auf etwas sehr verlässt. Die Leistungsfähigkeit kann plötzlich zu Ende gehen, die Gesundheit mit einem Male als verloren erkannt werden, Leistungen von gestern werden morgen vielleicht nicht mehr geachtet. Mitmenschen ändern ihre Meinung und Haltung. Und die Regierung tut, was sie will...

Die dem Herrn vertrauen, schöpfen neue Kraft...

Der Spruch aus dem Jesajabuch ist mir besonders lieb. In meiner Zeit in der Krankenhausseelsorge habe ich ihn oft gebraucht. Und ich stelle fest, dass ich ihn hier auch wieder brauchen werde:

Wo wir uns mit unserem Gestrampel und Gehabe müde gemacht haben, wo die Kräfte auch der Stärksten nicht ausreichen, wo es heißen muss, da ist nichts zu machen, dort treten die neuen Kräfte ein. Allerdings handelt es sich nicht um Zaubertrank, der die menschlichen Kräfte unerschöpflich macht. Es sind neue Kräfte, andere Kräfte...

In unserer Kirche wird viel gearbeitet - nicht nur in unserer Gemeinde, auch anderswo. Unendlich fleißige Gremien, unendlich tüchtige Verwaltung, Ämter und Studieneinrichtungen mit schier unerschöpflichen Quellen neuer Ideen und Vorschläge und Gemeinden mit Gruppen und Kreisen. Ist das nicht der Beweis, dass die Kirche lebendig ist? Aber auf wen verlässt sich diese Kirche? Es scheint, als ob der Emsigste der Beliebteste ist, auf den die Kirche sich verlässt. Effektivität und Durchsetzungsvermögen innerhalb und außerhalb stehen ganz hoch im Kurs.

Die dem Herrn vertrauen, schöpfen neue Kraft....

Die ärgerliche Behauptung mancher Christen ist die, auch noch so viel Arbeit schaffe keine Kirche. Kirche sei Vertrauen auf Gott und die Zusammenkunft derer, die auf Gott vertrauen. Haben wir in unserer Gemeinde den Platz dafür, dass jemand oder auch mehrere, einfach einmal so dasitzen und warten können? Muss nicht der „normale Mensch" vor Aktionen geradezu platzen? Ist sie nicht gesund, weil sie auf etwas wartet, statt aktiv zu sein?

Die nach außen gekehrte Lebensart in unserer Zeit verdeckt die Angst, innen drin auf eine große gähnende Leere zu stoßen. Aktivität ist Betäubung der Angst, nichts zu sein oder nicht genug von seinem Leben zu haben. Die Psychiater und Berater können sich vor Patienten kaum retten. Viele Menschen können alleine nicht mehr weiter. Und viele Therapeuten entdecken in ihren Sitzungen das Religiöse. Einer der großen hat sogar geschrieben, es gäbe keinen seiner Patienten über 35, bei dem nicht das entscheidende Problem ein religiöses sei.

Die auf den Herrn harren, kriegen neue Kraft...

Das Vertrauen auf Gott setzt in uns eine Mitte. Wir werden von dem übergroßen Druck entlastet, die ganze Welt und all unser Leben selbst mit Sinn und Gestalt versehen zu müssen. Wir sind so wie wir da sind, von Gott angenommen. Auf ihn zu warten, ihm zu vertrauen, genau hineinzuhören, was jetzt dran ist und wo es jetzt hingeht ... das gibt neue Kraft zum Leben.

Den Israeliten wurde das von Jesaja gesagt, als sie in ihrer Gefangenschaft vollkommen aufgegeben hatten. Gott gibt Kräfte auf den ungewöhnlichsten Wegen und in den ungewöhnlichsten Situationen. Warum sollte er es jetzt nicht auch tun, wo die Lage so kompliziert doch gar nicht ist?

Ein Gleichnis

Mit dem Reich Gottes ist es so, wie wenn ein Mensch Samen aufs Land wirft und schläft und aufsteht, Nacht und Tag; und der Same geht auf und wächst - er weiß nicht wie. Denn von selbst bringt die Erde Frucht, zuerst den Halm, danach die Ähre, danach den vollen Weizen in der Ähre. Wenn sie aber die Frucht gebracht hat, so schickt er alsbald die Sichel hin, denn die Ernte ist da. (Mk 4, 26 - 29)

von einem Sämann in einer modernen Kirche, in einer Gemeinde, in der es noch einen Bauern gibt...

Mit dem Reich Gottes ist es...

Wie das Reich dieser Welt ist, das wissen wir: Es lockt die alten Litaneien hervor von Ungerechtigkeit, Gewalt, Brutalität, man muss sich wehren, wer seine Rechte nicht wahrnimmt und einklagt, der kommt nicht gut heraus, es wird immer schlimmer mit der Welt, man weiß nicht mehr richtig, wo einem der Kopf nun wirklich steht --- und dann noch all die persönlichen Erfahrungen von Krankheiten, Leid und Tod in der Familie und

Mit dem Reich Gottes ist es so...

Wer interessiert sich denn überhaupt dafür? Eine Zeit lang hieß es in der Philosophie: Worüber man nicht richtig reden kann, weil die Erfahrung damit fehlt, darüber sollte man lieber schweigen. Die meisten Menschen interessieren sich ja auch für Näherliegendes: Für die eigene Familie, Nachbarschaft, für die Bedrohungen, die man so heute spürt, für die Gesundheit und für den täglichen Ablauf. Und damit haben wir ja auch genug zu tun, immer alles so hinzukriegen, dass nichts schiefgeht.

Mit dem Reich Gottes ist es so, wie...

Weil es nicht möglich ist, über das Reich Gottes so einfach zu reden wie über die Bänke in der Kirche, braucht man Gleichnisse. Gleichnisse vergleichen das Unerhörte, Überwältigende und Unsagbare mit dem täglich Erfahrbaren. Alles, was wir über den Glauben in unserem Herzen sagen, sind Gleichnisse. Selbst über viele unserer Gefühle können wir nur in Gleichnissen reden. Dass man über das Reich Gottes nicht reden kann wie über eine Kirchenbank, heißt nicht, dass es nicht da wäre.

„Mit dem Reich Gottes ist es so, wie wenn ein Mensch Samen aufs Land wirft und schläft und aufsteht, Nacht und Tag; und der Same geht auf und wächst - er weiß nicht wie. Denn von selbst bringt die Erde Frucht, zuerst den Halm, danach die Ähre, danach den vollen Weizen in der Ähre. Wenn sie aber die Frucht gebracht hat, so schickt er alsbald die Sichel hin, denn die Ernte ist da." (Mk 4, 26 - 29)

Kommt denn das Reich Gottes von selbst? Bevor ein Mensch Samen aufs Land wirft, braucht er ein Stück Land. Vor der Einsaat wird das Land bearbeitet. Während der Wachstums- und Reifungsphase sind diverse Pflegearbeiten erforderlich. Es drohen etliche Gefahren, die auch ganz von selbst kommen. Gegen die Gefahren für die Aussaaten hat die Menschheit fortschreitend Mittel geschaffen. Denn wenn eine Ernte ausbleibt, hat das böse Folgen für Mensch und Tier. Beim Säen geht es also um mehr als um einen technischen Vorgang. Beim Säen geht es um die Lebensmöglichkeiten - um Mittel zum Leben.

Und dann gibt es noch eine andere Erfahrung, die etwas bedrohlich klingt: Was der Mensch sät, das wird er ernten. Die Saat war schon immer ein Beispiel für Lebenshoffnungen und -erfahrungen. Die wenigsten von uns säen ja im konkreten Sinne. Vielmehr aber säen wir im übertragenen Sinne: Wir streuen Worte aus. Und von denen wissen wir, dass sie sich genau so verhalten, wie die Saat im Gleichnis. Man streut es aus, schläft und steht auf Tag und Nacht - und eines Tages hat sich ein Wort zur vollen Wirkung entfaltet. Ein bisschen Dünger kam noch dazu, vom einen und anderen Mitmenschen eingestreut, der Wind des Gerüchts hat das Wort verbogen. „Wer Wind sät, wird Sturm ernten", sagt eine der Erfahrungen. Oder, dass ein gutes Wort, das man ausgeschickt hat, in erstaunlicher Weise mehrfach wiederkommt. Vielleicht haben Sie das auch erlebt, dass ein Wort, das einmal ein Mensch zu Ihnen gesagt hat, eine Art Grund für einen neuen Anfang wurde. Wenn man den Menschen aber auf dieses Wort anspricht, kann er sich gar nicht erinnern, dieses gerade besonders betont zu haben. Worte heilen und richten auf, selbst wenn man einige Tage darüber schläft und wieder aufsteht. Aber sie zerstören auch - und man weiß nicht wie...

Ja, so sagen manche Leute, schön und gut, mit dem Reich Gottes. Da ist ja schon viel eingesät worden. Wo aber bleibt die Frucht? Da müssen gewaltige Bodensanierungs- und Wachstumsprogramme her, damit irgendwann etwas zu wachsen anfängt. Wir lassen wachsen - jetzt oder nie! Ein wenig stehen wir in der Kirche heute wieder an dieser Stelle. Jeder weiß ein besseres Sanierungsprogramm. Und schließlich wird vor lauter Bodensanierung nicht mehr gesät. Ein wunderbares Sanierungsprogramm aber hilft nur, wenn der Boden auch benutzt wird. Manche wieder säen so heftig, dass die Saat unter sich selbst erstickt. Und dann haben sie keine Geduld, bis das Wachstum von selber losgeht, sondern zerren und reißen an den Halmen, bis sie ausgerupft vertrocknen anstatt Frucht zu bringen.

Nun sind wir an der Stelle, an der das Gleichnis nicht mehr einfach nur eine abstrakte Aussage macht. Es spricht zu uns. Du, Mensch, kannst wohl aussäen, aber nicht wachsen lassen! Wenn aber Samen auf ein Land fällt, dann wächst die Saat von selber. Hier herrscht Arbeitsteilung zwischen Menschen und Gott, damit nicht der Mensch dem Menschen zum Gott wird und ihn nach seinem Bilde formt.

Das Wort muss also ausgestreut werden, um aufgehen und wachsen zu können. Uns allen in der Kirche täte ein wenig mehr Gottvertrauen ganz gut, wenn wir wirklich das Wort Gottes von seinem Reich ausgesät haben.

Mit dem Reich Gottes ist es so...

Das Reich Gottes geht uns an, denn es verheißt das, was wir alle suchen: Frieden, Anerkennung, Annahme, Barmherzigkeit und Liebe. Und es wächst aus kleinen Anfängen, kleinen Sämlingen heraus zu stattlicher Größe. Die großen Bekehrungserlebnisse, von denen heute so viele Menschen reden, sind Erfahrungen des ersten Aufkeimens. Es folgen ganz andere Wachstumsphasen.

Und da kommt dann auch der größte Einwand: Wenn das Reich Gottes mit Wachstum von Getreide verglichen wird, wie sieht es mit den Gebieten aus, auf denen nichts wächst? Was haben die Erfahrungen zu sagen, in denen von den Problemen des Wachsens die Rede ist? Geht nicht manches Angesäte in den Dornen und der Trockenheit zugrunde, so wie es das andere Gleichnis sagt? Es wäre nicht sinnvoll, das Gleichnis zu strapazieren und alle Widerstände aufzufahren, die die Erfahrung bereitstellt. Es kommt heute darauf an, dass wir uns im Vertrauen zum Wachsen aus kleinen Anfängen bestärken. Der große Wurf und die große Angst - beides könnte verhindern, dass überhaupt gesät wird. Wir wissen aber: wer einmal ein Samenkorn von der Liebe Gottes aufgenommen hat, in dem wird es heranwachsen. Manchmal muss es aufgefrischt oder ein zweites nachgelegt werden. Das Reich Gottes herzustellen ist nicht Menschenauftrag. Das Wort aber vom Frieden, der Vergebung, der Barmherzigkeit und der Liebe auszustreuen, das können wir dazutun zum Reich Gottes.

Predigt über das vierfache Ackerfeld.

„3 Und er redete vieles zu ihnen in Gleichnissen und sprach: Siehe, es ging ein Sämann aus zu säen. 4 Und indem er säte, fiel etliches an den Weg; da kamen die Vögel und fraßen's auf. 5 Anderes fiel auf felsigen Boden, wo es nicht viel Erde hatte, und ging bald auf, weil es keine tiefe Erde hatte. 6 Als aber die Sonne aufging, verwelkte es, und weil es keine Wurzel hatte, verdorrte es. 7 Anderes fiel unter die Dornen; und die Dornen wuchsen empor und erstickten's. 8 Anderes fiel auf das gute Land und brachte Frucht, etliches hundertfach, etliches sechzigfach, etliches dreißigfach. 9 Wer Ohren hat, der höre!"

(Matthäus 13)

Versuche zur Interpretation in einer Schlagzeile:

Was du auch versuchst... das meiste geht daneben. Do wat du wullt, de Lüt snackt doch ....

Also eine ganz realistische und ein wenig resignierte Beschreibung der Wirklichkeit.

Wenn du nur genug Ansätze machst im Leben, dann wirst du auch an einer Stelle Erfolg haben. Viel hilft viel... Nicht kleckern, sondern klotzen, damit es wenigstens ein wenig Erfolg geben kann. Man muss es machen wie ein Huhn, picken, picken, picken, dann wird es schon gelingen, einige Körner zu finden. Oder wie ein Pastor: predigen, predigen, predigen, irgendeiner wird schon zuhören und etwas mitnehmen...

Ganz anders wieder: Es gibt viele Menschen, bei denen alles keinen Zweck hat. Wenn du dich mühst, wirst du die entdecken, bei denen die Bemühung Anklang findet... Damit könnte ein Menschenbild negativer Art entstehen. Der Maßstab heißt: Wer meine Bemühungen versteht und teilt, der ist richtig und fruchtbar, alle anderen sind schlechte Äcker und taube Nüsse...

Oder: Vieles geht daneben, wie es so schön in einem inzwischen alten Schlager heißt: Im Leben, im Leben geht mancher Schuss daneben... Aber irgendwann einmal blüht einiges, was du angesetzt hast, wie eine schöne Blüte und trägt Früchte...

Oder: Geduld, Geduld, nicht alles geht nach Plan. Selbst dort, wo scheinbar Früchte wachsen, kann noch einiges schief gehen. Also nicht den Tag vor dem Abend loben.

Ein schlichtes und gerütteltes Maß an Lebenserfahrung geht aus diesem Gleichnis hervor. Deshalb lässt sich hier der Sinn der Gleichnisse darstellen. Gleichnisse nutzen einen bekannten Stoff, um damit etwas auszudrücken, was der Erfahrung so leicht nicht oder überhaupt nicht zugänglich ist. Jeder Lehrer benutzt Gleichnisse, um einem Kind das Rechnen beizubringen: die berühmten Äpfel und Birnen. Jesus benutzt Gleichnisse, um uns etwas Eindrückliches und Schlichtes über den Glauben zu sagen, den niemand sehen oder anfassen kann.

Der Bauer kann das Säen nicht einfach aufgeben. Es ist die Grundlage seines Lebens und seiner Ernährung. Ohne Säen keine Ernte. Vor dem Säen geschieht noch allerhand anderes. Es muss gepflügt und der Boden vorbereitet werden. Der Boden muss Dünger haben. Und schließlich geht der Sämann ...

Der wusste noch nichts von unseren Maschinen. Da geht heute nichts mehr daneben, wenn eine Sämaschine übers Land fährt.

Gerne würden wir auch den Umgang mit den Menschen mechanisieren. Aber meinem Eindruck nach bleibt der Umgang untereinander Handarbeit. Eine Handarbeit, die nicht vermeidbar, sondern lebenswichtig ist. Der Glaube ist Handarbeit. Die Verbreitung der Botschaft vom Reich Gottes ist Handarbeit.

Nun kommt ein weiterer wichtiger Punkt. Manche Bemühungen, den Glauben weiterzugeben, wirken als eine Art Zwangsveranstaltung. Es wird so lange auf den Vokabeln der Dogmatik herumgeritten, bis keiner, der es hört, mehr anders kann, als genau das wieder auszuspucken, was er gehört hat. Manche Vermittler des Glaubens üben kräftigen Druck aus und das zu jeder Zeit, damit ihre Version sich durchsetze.

Wenn man das Säen in Handarbeit als Gleichnis ansetzt, ergeben sich ganz andere Vorstellungen. Der Sämann wartet auf den besten Zeitpunkt zum Säen. Er geht nicht, wenn der Boden vom Regen aufgeweicht oder gefroren ist. Er geht nicht, wenn die Sonne gerade das Land völlig ausgetrocknet hat. Er wartet auf seine Gelegenheit, heute sagen wir optimale Bedingungen. Diese aber schafft er nicht selber. Nicht immer ist Zeit zum Säen...

Der Glaube und seine Verbreitung geht in die Welt der Menschen hinein an der Stelle, wo die Bedingungen dafür da sind. Das Ackerfeldgleichnis erlaubt keine Vorstellung von Mission oder Predigt als Zwangsinfiltration. Wir säen vielmehr, wenn dazu die Zeit ist, sei es bei einem Gespräch, einer Predigt, einer Taufe oder einer Beerdigung, im Unterricht oder in Gesprächskreisen. Dann aber wird die Saat den Bedingungen ausgesetzt, die für alle Dinge im Menschenleben gelten. Nicht alles fällt auf gutes Land - einiges aber doch!

Es könnte ein Gleichnis für Menschen sein, die lauthals beklagen, wie wenig Erfolg doch der Mühe um das Evangelium in dieser Welt beschieden ist. Vielleicht sollten sie einmal nicht auf all das schauen, was nichts fruchtet, sondern auf die Früchte, die dennoch wachsen.

Das Gleichnis spricht gegen die Pessimisten, die am Widerstand der Welt gegen das Evangelium schon gleich die ganze Bosheit und Sünde erkennen und heimlich oder unheimlich das Gericht herabwünschen.

Es spricht gegen die Machbarkeitsfans, die aus einem guten Marketing des Glaubens einen hundertprozentigen Erfolg erwarten. Das gute Marketing ist nicht mehr als die Vorbereitung des Bodens und die Nutzung der richtigen Gelegenheit.

Das Gleichnis spricht auch gegen die, die im mangelnden Erfolg ein Zeichen des Scheiterns sehen und sich selbst dafür anklagen, schlechte Säleute zu sein, die dann das Säen lieber aufgeben.

Das Gleichnis spricht für eine realistische und optimistische Haltung der Menschen, die Glauben und Leben zusammenbringen wollen.

Dass einiges nicht aufgeht von dem, was wir ausstreuen, ist noch lange kein Grund, das Ausstreuen oder, wenn man so will, das Leben bleiben zu lassen. Wenn nämlich nicht gesät wird, kann auch nichts wachsen! Wo aber gesät wird, wo gearbeitet und gesprochen, geteilt und gebetet wird, da gibt es Frucht. "Einiges fiel auf gutes Land; und es ging auf und trug hundertfach Frucht."

wisst ihr, wie es im Himmel zugeht? Das ist wie bei den Arbeitern im Hafen... Die ersten bekommen hundertfünfzig Mark am Tag, die letzten, die gerade eine Stunde gearbeitet haben, dasselbe Geld.

Schon wieder so eine unglaubliche Geschichte!
Wer freut sich über so eine Geschichte?
Sind es die ersten oder die letzten? Dumme Frage!
Was wird die Folge sein? Alle kommen kurz vor dem Abend, um mit möglichst wenig Mühe ihre 150 Mark einzustreichen? Der Hafen funktioniert nicht mehr, weil niemand gezwungen ist, pünktlich zur Arbeit zu kommen... Wenn das eine Geschichte vom Himmelreich sein soll, dann herrscht dort ja wohl eine ganz andere Moral als bei uns und mit realen Menschen hat das schon gar nichts zu tun!? Oder?

Nun drehen wir die ganze Sache einmal um: Vom Krieg am Golf sind alle Menschen in den beteiligten Ländern betroffen, seien sie nun gerade geboren, Soldaten, hochausgebildete Spezialisten, Frauen oder Männer, für oder gegen Krieg. Wenn sie in der Hand eines Diktators mit der Lust an der Apokalypse und am Untergang leben müssen, trifft sie alles, was er auslöst, ohne Unterschied. Wenn es so weitergeht, werden wir vielleicht außer den Kosten auch die Umweltfolgen tragen, gleich, ob wir schon seit dreißig Jahren gesund zu leben versuchen und die Natur achten oder nicht.

Im negativen Fall also lässt es sich leicht nachvollziehen, wie eine Gleichbehandlung aller Menschen aussieht. Wir empfinden sie als ungerecht und sind beim Betrachten der Bilder auch empört und entrüstet, wenn z.B. Kinder im Krieg sterben.

Wie lange könnte sich ein Chef halten, der allen Mitarbeitern das gibt, was sie zum Leben brauchen? Das System "Gleicher Lohn für alle" hat bereits seine Bewährungschance in der Welt gehabt, wenn auch vielleicht nicht ganz so radikal wie in der Geschichte vom Himmelreich. Das sozialistische Experiment ging in den letzten Jahren schäbig zu Bruch. Es konnte weder die Menschen zufrieden stellen (außer den Bossen, die es angeblich nicht mehr hätte geben sollen), noch war es in der Lage, die Natur zu schützen und dem Menschen die Aggression auszutreiben. Nicht einmal gleicher Lohn für alle musste der Versuch heißen. Es reichte bereits, Arbeit für alle bereitzuhalten, um zu erreichen, dass längst nicht alle alles haben, was sie an Bedürfnissen verspürten.

Das Gegenteil scheint der Fall zu sein. "Leistung muss sich wieder lohnen!" hieß eine Parole bei uns vor einigen Jahren und immer wieder. Arbeit schaffen muss Gewinn abwerfen. Mehr haben als andere, das muss möglich sein, sonst läuft die Wirtschaft bergab. Konkurrenz belebt das Geschäft und hebt den Wohlstand aller Menschen. Sollte nicht gerade die Geschichte des Versuchs mit der Gleichmacherei, wie das so schön hieß, das Recht dieser Gedanken bewiesen haben? Haben wir nicht längst und alle Konkurrenzdenken und Lohn für Leistung wie eine zweite Haut an uns?

Sehr interessant war eine Erzählung kürzlich über eine Schule. Ein Schüler erklärte mir den Unterschied zweier Schulen. In der einen seien Schüler, die um gute Zensuren konkurrieren. Deshalb sei das Niveau höher und die Leistungsfähigkeit größer. Konkurrenz belebt das Geschäft.

Und gleich noch das umgekehrte Beispiel. Nach zwei Jahren Konfirmandenunterricht wird am Ende doch jeder konfirmiert. Es ist fast egal, wie er sich beteiligt hat. Es gibt keine Bevorzugung oder Benachteiligung. Jeder bekommt den Segen und die Zusage, Gottes Kind zu sein. Hebt das die Lust am Unterricht?
Ja, im Himmel, da mag es anders sein...

Sollte Gott ungerecht sein? Ich kann doch mit dem, was ich habe, tun, was ich will! Jesus vergleicht Gott mit einem feudalistischen Herrn, der nicht an Gesetze gebunden ist. Einen Vertrag gibt es aber sehr wohl in dieser Geschichte. Die ersten Arbeiter sind mit dem Herrn einig geworden. Sie sind es, die den Vertrag revidieren wollen, obwohl sie ihm zugestimmt haben.
Sollte es vielleicht so sein, wenn wir uns an die Stelle dieser ersten setzen: Wir sind bereit, mit Gott im Glauben den Vertrag einzugehen, dass er uns erlöst. Und nun müssen wir, die sich um das Verständnis eines solchen Vertrages gemüht haben, die ihn durch das Leben trugen und für ihn einstanden, nun müssen wir zusehen, wie andere scheinbar ohne Mühe und später als es möglich gewesen wäre, auch von Gott angenommen werden?
Müsste die Geschichte nicht eher nach ihrer Überschrift angesehen werden als eine Geschichte von uns, den Arbeiterinnen und Arbeitern im Hafen und viel weniger als die Geschichte vom Himmelreich? Beim Himmelreich gibt es ja eigentlich keine Unklarheiten... Gott gibt allen

Menschen, was sie brauchen. Die Arbeiter aber machen daraus eine Konkurrenzgesellschaft. Die Gerechtigkeit des Himmels ist nicht die, dass ich auf mein Recht pochen kann, das ich mir mühsam erkämpft und erarbeitet habe.

Was wäre mit der Erde, wenn auf ihr das Himmelreich ausbräche? Alle hätten genug zum Leben. Die Bedürfnisse wären befriedigt. Niemand müsste sich selbst rechtfertigen und durchsetzen, niemand würde unterdrückt. Es gäbe weder Krieg, noch Aufrüstung, noch Armut in der Welt auf der südlichen Halbkugel.

Doch einstweilen blickt der Mensch scheel, weil Gott gütig ist.

Es gibt auch unter Christen die Konkurrenz, wer das liebste Kind Gottes ist. Manche pochen auf ihr Recht, bessere Kinder zu sein. Auch die Gehälter in der Kirche fallen sehr differenziert aus.

Die ersten werden die letzten und die letzten die ersten sein. Gottes Güte macht aus ersten letzte und aus letzten erste. Unsere Maßstäbe gelten nicht. Gottes Reich kann nicht leistungsbezogen ausfallen. Orientierte es sich an der Leistung, müssten alle verloren sein nach dem Gesetz. Es orientiert sich vielmehr an der Güte Gottes selbst. Das empfinden die, die sich für gute Kinder halten, als Zurücksetzung. So erscheint auch die Umkehr der Rangfolge nur so aus menschlicher Sicht.

"Ich will euch geben, was recht ist...". Recht ist, was uns gerecht wird. Gottes Gabe folgt weder unserer Leistung, noch unserer Herkunft, noch unserer Rolle im Leben. Gottes Gerechtigkeit gibt uns, was wir brauchen, wenn wir sie denn annehmen.

Deshalb leben die Kirche und die Kirchengemeinde auch nicht von eingefahrenen und festen Rangfolgen. Sie leben vielmehr, wenn sie sich immer wieder von der offenen und Grenzen sprengenden Gnade Gottes neu öffnen lassen.

Gott ist Liebe...

Gott ja vielleicht, der Mensch nicht!?

Über die Liebe mag ich ja als Pastor schon gar nicht mehr reden. Sobald ich selber einmal meine echte Meinung sage, bringen es manche, gerade darin eine wunderbare Falle zu sehen, über die man diesen Menschen dann stolpern lassen kann. Das Reden von der Liebe Gottes bringt uns dazu, manchmal den Mund etwas voll zu nehmen. Das Reden von der Liebe Gottes bringt andere Leute dazu, uns ganz gut nachweisen zu können, dass unsere Predigten ziemlich weit an der Wirklichkeit vorbeigehen.

Liebt Gott diese Welt denn überhaupt noch? Bei all dem, was hier so passiert? Ungerechtigkeit, Übervorteilung, Hass und Gewalt gegen unschuldige Andere, Naturkatastrophen....

Nebenan in Ohlstedt soll ein Containerdorf errichtet werden, um Asylbewerber aufzunehmen. Die Gegnerschaft dazu bricht sich merkwürdige Bahnen, sozusagen pädagogisch orientiert.

Unter Kindern und Jugendlichen wird es ganz und gar schick, sich gegen die Ausländer auszusprechen und die, die da nicht mitmachen wollen, übel zu beschimpfen.

Viele scheinen zu vergessen, dass alle auf dieser Welt zusammenhängen und der Wohlstand, in dem wir leben, nicht zuletzt auf dem Ausland gründet.

Menschen müssen persönliche Schicksale tragen, für die sie nicht verantwortlich sind, und die sie doch aushalten müssen: Krankheiten am eigenen Körper, bei den eigenen Kindern, bei den Nachbarn. Da zerrt die nackte Not an der Seele und will sie zermalmen.

Wie sollen wir da von Liebe reden, die Gott mit dieser Welt hat? Greift nicht viel eher die Vernichtung nach uns, die Sinnlosigkeit, das schmerzende, aber unwirksame Mitleid mit den Nahen und den Fernen, die leiden und sterben?

Ja - vielleicht spüren wir ein Bedürfnis, uns abzuschotten, weil so viel Elend kein Mensch ertragen kann. Uns hilft schließlich auch keiner, wenn wir das nicht bringen, was die Umgebung von uns erwartet. Im Gegenteil: die enttäuschten Freunde, Nachbarn, sogar die Verwandten lassen uns dann ja auch fallen wie eine heiße Kartoffel.

Gott ist Liebe. Wer in der Liebe bleibt, der bleibt in Gott und Gott in ihm.

Gott ist Liebe - wir sind nicht Gott!

Soll er doch Liebe sein - warum kann er der Welt seine Liebe nicht vermitteln?

Das ist es ja - da bist du angesprochen. Die Liebe unter den Menschen hindert das Verletztsein in seinen Sehnsüchten nach Anerkennung, nach der Stellung im Mittelpunkt. Eifersucht und Neid kommen schnell zum Vorschein und zertreten kleine Ansätze und Anstrengungen in Richtung des besseren Verständnisses für seine Mitmenschen. Wie soll da erst die Liebe ...?

Nun heißt es ja in der Tat nicht: Der Mensch ist Liebe oder die so geliebte Natur ist Liebe, sondern Gott ist Liebe! Und es hat auch niemand gesagt, dass es nicht ohne Liebe geht auf dieser Welt. Die schönsten und spannendsten Filme im Fernsehen sind doch immer noch die mit der wunderbaren Darstellung von Gewalt und Tod und Rache, man kann ohne sie ja bald gar nicht mehr einschlafen. Gott wirkt nicht von selbst.

Nun sind wir gefragt, woran wir glauben, die wir uns so gerne und schnell von der Schlechtigkeit der Menschen überzeugen lassen. Wer nicht liebt, der kennt Gott nicht, denn Gott ist Liebe. Ohne Menschen, die an Gott glauben, gibt es keine Liebe auf der Welt. Wenn ich an das Prinzip der Durchsetzung glaube, dann muss ich mich schließlich durchsetzen. Sonst können mich die anderen sehr schnell als Schwächling entlarven und sich nach anderen und stärkeren Partnern und Freunden umsehen. Und da gibt es noch allerhand andere Prinzipien zwischen den Menschen.

Gottes Liebe aber kann nicht von selbst wirken. Nur davon reden und ein kaltes und berechnendes Herz dabei zu haben, ist zwar menschlich und kommt oft vor, aber es hat nichts mit dem Glauben zu tun. Wer glaubt, gibt Gottes Liebe weiter, in kleineren und menschlichen Dosierungen und unvollkommen - aber er oder sie versuchen es.

Die Liebe ist kein Gefühl, das mich übermannt oder überfraut. Sie ist die Frucht des Glaubens und der Übung, mit den Menschen umzugehen in Liebe wie mit mir selbst. Sie ist die Frucht der Versöhnung, die durch Jesus an die Stelle der Abrechnung getreten ist.

Nicht nach den Leistungen werden wir gemessen wie in der Schule oder im Beruf, sondern danach, ob wir einfach nur an die Versöhnung unserer zerrissenen und immer neu zerreißenden Welt zu glauben wagen. Daraus wächst die Liebe, die die Versöhnung und den Neuanfang sucht.

Manchmal verwechseln wir die Versöhnung auf typisch menschliche Weise damit, uns durchzusetzen. Gerade Christen, die viel vom richtigen Glauben reden, neigen auch dazu - genau wie andere, die nur von der Liebe und Barmherzigkeit reden. Wer jedoch in die Liebe Gottes versucht, sich einzufühlen, braucht nicht mehr die vordergründige Durchsetzung. Er oder sie kann warten, geduldig sein, das Gute anzustiften versuchen, die Saat der Barmherzigkeit auszustreuen unternehmen - in der Hoffnung, dass seine Liebe in uns vollkommen ist.

Vor allem Männer wagen selten, der Liebe, die die Frucht des Glaubens ist, wirklich Raum zu schaffen. Liebe bedeutet nicht, sich auf dauernde faule Kompromisse einzulassen. Das offene Wort, die ehrliche Auseinandersetzung - ohne den oder die andere vernichten zu wollen, kann im Raum der Liebe gedeihen. Dies wird da erst möglich. Streit und Auseinandersetzung ohne Liebe schafft nichts als Trennung. In der Liebe, dem Haus, das Gott für uns schafft und das für alle eine Heimat ist, lassen sich Streit und Auseinandersetzungen austragen, auf dem Weg zur Versöhnung und zur Lösung der dringendsten Fragen des Lebens und der Zeit.

Die Liebe geht von Gott aus und niemand kann sie sich verdienen. Sie kommt unverdient zu uns, brennend nähergebracht durch das Opfer Christi, das in so vielfacher Weise in dieser Welt wiederholt und nachexerziert wird. In den Augen der Leidenden dieser Welt sehen wir Christus - damit wir endlich sein Opfer verstehen und annehmen, daraus die eigentliche Absicht Gottes zu erkennen, die Liebe und nicht das Gericht. Gericht, das machen wir selbst. Liebe das ist Gott. Woran hängt unser Herz wirklich?

Die Berge weichen doch

Das ist es, was wir oft erfahren: Gnade ist verschwunden, Erleichterung scheint nicht mehr zu kommen, die Depression hat Besitz ergriffen, der Sinn des Daseins liegt im Verborgenen. Wie oft höre ich das und empfinde es selbst: Auswege gibt es nicht mehr, wer soll mir helfen?

Bei Israel war es so, dass dieses Volk von Gott ausgesucht war. Aber im Laufe seiner Geschichte gab es viele Zeiten, in denen es den Eindruck hatte, von Gott verlassen worden zu sein. Das Volk ist zerstreut, verbannt, ausgelaugt und kann sich keine gute Zukunft mehr vorstellen. Die Propheten haben das als Strafe für gottloses Handeln verstanden. Das Volk selbst konnte keine Hoffnung mehr sehen.

Das erinnert mich an den Menschen, der an einer Depression leidet und nicht glauben kann, dass es jemals wieder einen anderen Zustand für ihn geben könnte. Alles wird gleich grau. Wer ihm Mut machen will, der kommt nicht sehr weit. Denn der depressive Mensch hält an der Meinung fest, für die anderen sei wohl Hoffnung da, für ihn selbst aber nicht. Da müssen andere stellvertretend für ihn glauben und an der Hoffnung festhalten.

So ging es auch dem Volk. Stellvertretend kamen die Propheten, die an die Zukunft glauben, weil sie Gottes Erbarmen kennen.

„Juble, du Unfruchtbare, die du nicht geboren hast! Freue dich und jauchze, die du nicht schwanger warst! Denn die Einsame hat mehr Kinder, als die den Mann hat, spricht der HERR.

Mache den Raum deines Zeltes weit und breite aus die Decken deiner Wohnstatt; spare nicht! Spann deine Seile lang und stecke deine Pflöcke fest!

Denn du wirst dich ausbreiten zur Rechten und zur Linken, und deine Nachkommen werden Völker beerben und verwüstete Städte neu bewohnen.

Fürchte dich nicht, denn du sollst nicht zuschanden werden; schäme dich nicht, denn du sollst nicht zum Spott werden, sondern du wirst die Schande deiner Jugend vergessen und der Schmach deiner Witwenschaft nicht mehr gedenken.

Denn der dich gemacht hat, ist dein Mann – HERR Zebaoth heißt sein Name –, und dein Erlöser ist der Heilige Israels, der aller Welt Gott genannt wird.

Denn der HERR hat dich zu sich gerufen wie eine verlassene und von Herzen betrübte Frau; und die Frau der Jugendzeit, wie könnte sie verstoßen bleiben, spricht dein Gott.
Ich habe dich einen kleinen Augenblick verlassen, aber mit großer Barmherzigkeit will ich dich sammeln." (Jesaja 54, 1-7)

Die Hoffnungslosigkeit bedeutet nicht, dass Gott nicht da ist, sondern dass er sich verborgen hat. Verborgen ist die Hoffnung, wenn wir sie nicht mehr haben. Wenn wir die Gnade nicht sehen, glauben wir, es gäbe sie nicht. Wenn wir die Zuwendung Gottes oder von Menschen gerade nicht erfahren, empfinden wir sie als ganz verloren. Diese Wahrnehmung entspricht ganz unserer seelischen Ausstattung. Als Kinder lernen wir es mühsam, Vertrauen zur Mutter aufzubauen. Wenn sie nicht da ist, fühlt sich der Säugling ganz allein und verlassen. Erst nach vielen Jahren der Übung gibt es - wenn alles gut geht - ein stabiles Ich, das auch das Alleinsein möglich macht. Und dennoch müssen wir immer wieder bestätigt bekommen, dass wir nicht allein sind. Kinder haben oft noch viele Jahre ihr Kuscheltier, das ihnen die Angst vor dem Alleinsein nimmt. Alleinsein ist wie abgeschnitten sein. Wer Urvertrauen erfahren hat, kann dann auch glauben, Gott sei da und ließe ihn nicht allein.

Wenn wir Gott nicht empfinden, nicht spüren oder fühlen, dann ist er deswegen nicht einfach tot oder als Hirngespinst entlarvt. Denn sein Versprechen, da zu sein, zieht sich durch die ganze Heilige Schrift. All die Zeichen, die wir als Beweise dafür nehmen könnten, dass es ihn doch nicht gibt oder er sich für uns nicht interessiert, können seine Versprechen nicht hinfällig machen. Auch alles, was wie ein Strafgericht aussieht und was viele Menschen als Strafe heraufkommen sehen, kann nicht auslöschen, dass Gott sich erbarmen wird:

Ich habe mein Angesicht im Augenblick des Zorns ein wenig vor dir verborgen, aber mit ewiger Gnade will ich mich deiner erbarmen, spricht der HERR, dein Erlöser.

Ich halte es wie zur Zeit Noahs, als ich schwor, dass die Wasser Noahs nicht mehr über die Erde gehen sollten. So habe ich geschworen, dass ich nicht mehr über dich zürnen und dich nicht mehr schelten will. (Jesaja 54, 8-9)

Der Bund besteht über alles hinweg. Wie bei Noah versprochen, wie immer wieder erneuert, warum sollte diese Zusage nicht gelten? Es soll eine neue Zeit der Gnade kommen, mitten drin im Gemisch unseres Lebens oder sogar mitten im Leiden, an das wir uns in der Passionszeit wieder erinnern.

Wir können sicher sein, Gott wird nicht von unserer Seite gehen, selbst wenn wir es so empfinden. Die Verlassenheiten dieser Welt kennen wir zu Genüge. Wichtig aber soll es werden, uns in den Glauben von der Geborgenheit bei Gott einzuüben. Wie könnte das gehen? Wir stellen uns die guten Erfahrungen in unserem Leben vor Augen: Dass jemand ein gutes Wort gesagt hat, dass jemand gelächelt hat oder uns etwas geschenkt. Jemand hat sich Zeit genommen, jemand hat einen Brief geschrieben, jemand hat den Brief, den wir geschrieben hatten, gründlich gelesen, jemand hat zugehört oder sich für uns eingesetzt ....

Wer sich solche Erfahrungen vor Augen führt, der wird erkennen, dass die Barmherzigkeit, die Hoffnung, das Gefühl, dass Gott da sei, nicht einfach verloren sein können. Wir schließen uns auf für die guten Erfahrungen und schließen uns damit auf für Gottes Barmherzigkeit.

Wenn nun alle Vorstellungen davon, wie ich selbst werden möchte, was mir selbst im Leben geschehen soll, zunichte geworden sind - selbst dann gibt es diese Momente der Zuwendung, die Barmherzigkeit zeigen. Vielleicht gelingt es, nicht mehr all das Zerfallende und Hinfallende anzustarren, sondern das, was das Leben sinnvoll macht. Ausgehen von den kleinen Bröckchen der Zuwendung, vom kleinsten Strahl der Hoffnung, vom kleinsten Stückchen Liebe, vom kleinsten Eckchen Barmherzigkeit... Das macht das Leben neu.

Die Bibel spricht zu uns auf der Ebene, auf der wir ganz Mensch sind. Viele fragen sich, warum muss gerade ich diese oder jene Krankheit haben, dieses oder jenes Schicksal? In dieser Frage liegt schon die Antwort: Wir suchen bei uns oder im Gegenüber zu anderen die Lösung für unser Leben. Das hängt mit der Kindheitserfahrung des Verlassen- und wieder Angenommenwerdens zusammen. Wenn im Leben etwas nicht so geht, wie wir es uns vorstellen, fühlen wir uns verlassen. Das Verlassenwerden aber schreiben wir uns selbst zu, dass wir nämlich etwas getan haben, was zum Verlassenwerden führt. In dieser Hinsicht bleiben wir ein ganzes Leben Kinder, die glauben, sie seien verstoßen worden, in der religiösen Sprache: sie seien verdammt. Genau darauf spricht uns Jesaja an: Ihr seid nicht verlassen. Es bedarf nicht der großen Beweise des Geistes und des Verstandes. Es bedarf des Blickes in die eigene Seele, die sich danach sehnt, nicht verlassen zu werden. Auch im bösen Schicksal hat Gott uns nicht verlassen. Wir können uns auf seine Barmherzigkeit und Liebe neu besinnen:

„Denn es sollen wohl Berge weichen und Hügel hinfallen, aber meine Gnade soll nicht von dir weichen, und der Bund meines Friedens soll nicht hinfallen, spricht der HERR, dein Erbarmer.“ (Jesaja 54,10)

Der Foltertod als Karfreitag (1993)

Die Kreuzigungsszene, wie man sie sich gut vorstellen kann: Drei Kreuze, Jesus in der Mitte. Wie es die Überlieferung weitergetragen hat. Jesus bittet um Vergebung für seine Henker, die nichts Besseres zu tun haben, als seine Kleider zu verteilen, weil er sie ja doch nicht mehr brauchen wird. Welch makabre Vorstellung: Die Kleider eines Gekreuzigten werden unter seinen Augen durchs Los verteilt. Da fehlen mir die Worte, um diesen Vorgang noch näher auszumalen. Die Reaktion Jesu scheint von allen, die dabeistehen, entweder überhört oder für unsinnig gehalten worden zu sein. Sollte die Bitte eines Menschen, der hingerichtet wird, für seine Henker nicht doch den einen oder anderen hellhörig machen?

Die Hinrichtung eines Menschen hat sich in der Praxis der Menschheit nicht verändert. Nur wenige Staaten schafften die Todesstrafe ab. In kriegerischen Auseinandersetzungen wie in Bosnien und anderswo gehören die Verachtung, die Folter und die Hinrichtung aus Jux und Dollerei zum menschenverachtenden Normalprogramm.

Die Szene entfaltet sich weiter...

Das Volk steht da und sieht zu. Und sie werden Zeugen atemberaubender Worte! Zuerst der Spott der Oberen, die sich ganz entgegen ihrer vorgeblichen Frömmigkeit als elend scheinheilig erweisen: Hilf dir doch selbst, wie du den anderen geholfen hast. Beweise, was du bist. Niemand kommt in den Sinn, vielleicht sich selbst zu riskieren und gegen diese lästerliche Kreuzigung aufzustehen und aufzubegehren. Es wäre ja noch Zeit gewesen! Da malt diese Szene ein weiteres Bild der menschlichen Gemeinschaft. Wer den Anspruch hat, mehr zu sein, anders zu sein als das andere Volk, den überlässt man sich selbst: Umgekehrte Beweislast. Erst bitte der Nachweis der Besonderheit, in diesem Falle der Gottessohnschaft, dann gewähren wir vielleicht doch noch die Begeisterung und - wer weiß - sogar den Glauben. Nur selber keine risikoreiche Verantwortung für eine neue Idee oder einen Abweichler übernehmen! Der Abweichler oder die Idee könnte sich als leere Versprechung erweisen. Das bedroht die eigene Stellung in der Gesellschaft.

Dann die römischen Soldaten. Von denen hatte niemand behauptet, besonders fromm und gottesfürchtig zu sein. Sie sind auch an einem anderen Aspekt interessiert. Aber sie verfolgen dieselben Ziele. Ein König sollte sich selbst helfen können! Vielleicht ruft er endlich seine

Truppen zum Aufstand oder in den Krieg gegen die Besatzungsmacht! Dann hätte die langweilige Kreuzigerei vielleicht ein Ende! Möglicherweise könnte man ja überlaufen, wenn der König der Juden besseren Sold anbietet als der Kaiser von Rom. Das Volk aber stand da und sah zu. Wie wird der Gekreuzigte reagieren? Ist er ein Mann und hält eisern durch bis zum bitteren Ende? Oder kriegen wir doch noch die Sensation, die durch alle Medien läuft und wir sind dabei gewesen? Auch da riskiert keiner ein Wort. Nur nicht auffallen!

Jesus aber schweigt offenbar und lässt sich nicht weiter provozieren als zum Gebet für seine Verfolger.

In der Tat, die Überlieferung hat ein Gespräch am Kreuz unter Gekreuzigten überliefert. Können denn Menschen am Kreuz miteinander sprechen? Und erst das, was sie sprechen! Kein Jammern oder Klagen. Auch der eine der Mitgekreuzigten stimmt in die Front mit ein, die sich zuerst ganz schön spöttisch anhören mag: "Bist du nicht der Christus?" Doch aus seinem Munde bekommt sie einen anderen Zungenschlag. "Hilf dir selbst und uns!" Da steckt schon mehr drin als bloßer Hohn mit Hintergedanken. Das ist Forderung, dass Jesus seine Besonderheit einsetzen möge. Offenbar kannte der eine der Gekreuzigten die Überlieferung ebenso gut wie der andere. Er verwendet sie nur ganz banal für sich. Und siehe da, der andere weist ihn zurecht und erweist sich als der eigentliche Fromme. Er kennt nicht nur die Überlieferung, sondern kann sich auch einschätzen, bereut und bittet nicht um das Leben, sondern um noch viel mehr: Darum, dass Jesus an ihn denken möge. Da aber antwortet Jesus mit der Verheißung des Paradieses.

Welch eine verkehrte Welt! Man kann es kaum fassen. Die, die das Recht verwalten und durchsetzen folgen alleine den Buchstaben des Gesetzes, die sie auch in ihrer Weise auszulegen wissen. Das Volk lässt sich belustigen, für ziemlich dumm verkaufen und hat seinen Spaß, solange es ihnen nicht selber an den Kragen geht. Ein verurteilter Verbrecher fordert geradezu von Jesus Hilfe und der andere zu Recht verurteilte Verbrecher ist der gläubige Mensch, dem die Verheißung gewissermaßen in den Schoß fällt. Kann noch mehr und genauer das Chaos der so wohlgeordnet erscheinenden Menschenwelt beschrieben werden?

Dann folgt dem menschlichen Chaos der Absturz in der Natur. Eine dreistündige Finsternis mitten am Tage, unerhört und nie gesehen! Und ein gerissener Vorhang im Tempel, die Entweihung des Allerheiligsten. Der sterbende Jesus schreit laut, betet laut und legt seinen Geist, sein Leben, in Gottes Hände, bevor er starb.

Diesen grundstürzenden Ereignissen kann sich doch niemand entziehen? Der Hauptmann, verantwortlich für die Kreuzigung, fängt an, Gott zu preisen. Wer so "fromm" stirbt wie Jesus, der muss ja ein frommer Mensch gewesen sein. Alle Hochachtung! Wer weiß, ob dies sein – des Hauptmanns - Leben verändert hat?

Das Volk schlug an seine Brust und kehrte wieder um. Offenbar ging die belustigende Volksfeststimmung endgültig zu Ende. Gnade uns Gott, wir gehen nach Hause! So was müssen wir nicht haben! Das Leben ist traurig und hart genug. Ein bleibender Eindruck, aber keine Gemütsänderung.

<u>Und wir?</u> Jedes Jahr gibt es einen Karfreitag. Jedes Jahr denken wir an das Leiden des Menschen unter seinesgleichen. Immer wieder schlagen wir uns betroffen an die Brust und sagen: Wie ist das möglich?

Fremdenfeindlichkeit,

Abschiebungen,

Terrorismus,

Krieg und Bürgerkrieg,

Benachteiligung von Gruppen aus rassischen und anderen Gründen,

Selbstzerstörung durch Sucht...

Die Zeichen der menschlichen Möglichkeit zur Bestialität kann niemand übersehen. Warum aber muss dieses Kreuz über der Menschheit Tag für Tag aufgerichtet werden und bis zum bitteren Ende für viele dableiben? Warum kann niemand es einfach beseitigen? Die Frage stellen wir an uns selbst! Und sie bleibt eine Frage, bis mal wieder eine oder einer von uns da oder dort anfängt, die Beweislast nicht mehr umzukehren. Das Risiko des Glaubens eingehen, dass das Kreuz in dieser Welt, das mancher auf sich nehmen muss, sich uns zur Besinnung und gar zur Rettung im Kreuz Jesu gebündelt hat. Der Weg ohne Risiko ist der Weg zum Kreuz.

Es ist derselbe Mechanismus, der immer wieder herrscht. In der Kreuzigungsgeschichte wird er exemplarisch geschildert: Die einen wenden die Gesetze formalistisch an, die anderen lassen sich davon beeindrucken oder gar belustigen und merken nicht, dass es ihnen selber an den Kragen geht. Oftmals steht derselbe Mensch auf beiden Seiten. Wir schaffen uns durch den gegen andere gerichteten Formalismus und die daraus folgenden Unmenschlichkeit, die aus

Hartherzigkeit und Angst entspringen, die Probleme und Schwierigkeiten von morgen. Krieg führen wir auch, aber nur mit den Gesetzen.

Das Kreuz Christi wurde als Opfertod interpretiert. Der Sündenbock wird ans Kreuz geschlagen, damit wir leben können. Sind nicht viele Menschen immer wieder eine Art Opfer? Wir opfern sie unserer Art zu leben, oder wir opfern sie, damit wir ohne Chaos und in überschaubarer Sicherheit leben können.

So wird auch der Opfergedanke wieder klarer: Das Opfer stellt ein gesellschaftliches und psychisches Gleichgewicht wieder her, indem es die Angst vor jeder Veränderung besänftigt. ‚Wenn es den anderen getroffen hat, kann ich weitermachen wie bisher.'

Predigt am Ostersonntag 1993

Die Auferstehung nach Matthäus

Der Bericht über den Ostermorgen wie in den anderen Evangelien:

Die Frauen gehen zum Grab, um ihre Pflicht dem Toten gegenüber zu tun...

- Die Überlieferungen durchgehen...
- Jesus sehen....
- Nach Galiläa gehen, um ihn wieder zu treffen...

Für uns heißt die Frage aber ganz anders:

- Was soll Ostern? Was soll man glauben? Eine den Erfahrungen widersprechende Geschichte? Eine Auferstehung ins Wort? Eine Vermutung, dass der Tod Jesu nicht eingetreten war, weil er sehr früh vom Kreuz abgenommen worden war....
- Ist nicht das Leben ein allmähliches Sich Einrichten auf den Tod?
- Was bedeutete es für uns, wenn der Tod nicht mehr die letzte Macht hätte?

Die Seele soll auferstehen aus dem Glauben, dass nicht die Gewalt, nicht die Macht, nicht die Gewaltigen, nicht die, die sich mit Macht durchsetzen, nicht die, die den anderen missachten, das letzte Wort sprechen und alles, was Leben bedeutet, aus der Welt schaffen. Welche explosive Wirkung hätte dieser Glaube für die Menschheit!

Nicht viele mehr können heute mit dem Glauben an die Auferstehung etwas anfangen. Aber woran glauben wir sonst? Können Menschen auf die Dauer ohne Glauben leben, wo doch vieles im persönlichen und überpersönlichen Leben von Rätseln und Ungewissheiten geprägt wird?

Die kirchlichen Feiertage werden gerne auch von erklärten Nichtchristen in Anspruch genommen. Die Kirchen könnten sie nicht verteidigen, wenn sie nicht als sozialer Besitzstand gälten. So gibt es die seltsame Situation, dass viele moderne Völker, besonders aber das feiertagsintensive Deutschland, nach einem Kalender leben, der ihnen ganz schön spanisch vorkommen müsste. Welch ein Sturm der Entrüstung, als ein kirchlicher Feiertag, der nun wirklich keinen mehr als solcher interessiert, der sinnvollen Finanzierung der Pflegeversicherung weichen sollte!

Die Feiertage lassen sich nicht mit Notwendigkeiten der Gesellschaft, nicht mit Sachzwängen, mit überhaupt nichts Rationalem erklären. Sie sind Herkommen, Tradition und Überlieferung. Wie wollte man einem Menschen, der solche Tage nicht kennt, und davon gibt es auf der Welt viele, denn erklären, dass ein Freitag, ein Sonntag und ein Montag für ein Fest bereitgehalten werden, mit dem die meisten in Hamburg gar nichts anfangen können?

Und dann kommen eben doch die Geschichten vom Kreuz und von der Auferstehung. Geschichten von dem einen Menschen Jesus, in dem sich alle Hoffnung auf Überwindung konzentriert. Er hat für uns gelitten und für uns das ewige Heil erworben... Ein Heil, an dem viele gar nicht mehr interessiert sein können, weil das irdische Wohl schon so groß geworden ist, dass man es gar nicht mehr missen möchte...

...wenn da nicht die Dinge und Ereignisse wären, die es zu zerstören drohen. Die Schrecken des Daseins, die Menschen Menschen zufügen, gelten für viele als Argument gegen die Hoffnung auf Leben und gegen den Glauben an Gott. Können sie nicht allenfalls ein Argument gegen den mangelnden Glauben sein? Wer nicht glauben kann, dass in Gott das wahre Leben lebt, der wird es sich selbst notfalls auch vom anderen nehmen.

Dass wir Ostern zusammenkommen und an die Auferstehung Jesu Christi denken, darin liegt die Chance auf Glauben auch in Hamburg. Größer als der Schrecken und die Ungläubigkeit der Frauen am ersten Ostermorgen kann unsere Gemütsbewegung auch nicht sein. Die Frauen stürmten nach den Berichten auch nicht hin zu den Jüngern und taumelten voll Glaubensbegeisterung durch die Straßen von Jerusalem. Sie liefen mit Furcht und großer Freude - mit der Mischung eben, die so ein unwahrscheinliches Ereignis auslöst. Was es für sie bedeutet, dass Jesus von Gott auferweckt war, das bleibt im Dunkeln. Aber immerhin wurde die Geschichte weitererzählt und wird es noch heute.

So können auch wir hingehen mit Furcht und großer Freude und von diesem großen Ereignis weitererzählen, auch wenn die Zeitgenossen vielleicht ungläubig und verständnislos den Kopf schütteln über solche Märchen. Sie sollen uns ein besseres Märchen erzählen, die darüber den Kopf schütteln.

Das wahre Leben, das mit der Auferstehung sichtbar beginnt, kommt nicht von alleine in diese Welt, sondern nur von Menschen, die daran glauben.

Wenn man Pfingsten noch nicht draußen grillen kann, geht die bange Frage um, ob der Sommer dieses Jahr noch kommt, um eine der Haupteinnahmequellen des Landes zum Sprudeln zu bringen. Weihnachten feiern Christen und Nichtchristen in der Familie, Karfreitag und Ostern wird von Schulferien eingerahmt. Mit Geburt und Kreuzigung kann man konkret was anfangen, die Auferstehung wird schon komplizierter, aber der Heilige Geist?

Auch wer eine Erklärung für das bei näherer Betrachtung seltsame Wort sucht, wird sich, so er fündig wird, ein wenig wundern: Pfingsten ist ein etwas verunstaltetes griechisches Wort und heißt nichts anderes als der Fünfzigste (Tag). Am fünfzigsten Tag nach dem Sabbat am Passahfest war Jerusalem das Ziel einer großen Wallfahrt für die Juden aus aller Welt. An diesem Tag geschah das Pfingstwunder. Ein Brausen setzte ein und es sah aus, als ob sich feuerähnliche Zungen auf die Jünger verteilten. Sie begannen vom Geist erfüllt „in Zungen zu reden". Das hörten Leute, die zur Wallfahrt in Jerusalem weilten und jeder hörte in seiner eigenen Sprache etwas von den großen Taten Gottes.

Im Gegensatz zum Weihnachtsfest, dessen Termin nicht im Neuen Testament steht, gehen die Kreuzigung (Karfreitag), die Auferstehung (Ostern) und das Pfingstfest auf genaue Angaben in der Bibel zurück. Nach Apostelgeschichte 2 war Pfingsten der Tag der Jünger Jesu, die sich mit einem Male von der Kraft des Geistes erfüllt fühlten, nachdem sie sich die anderen neunundvierzig Tage ängstlich versteckt hatten. Dreitausend Wallfahrer in Jerusalem soll das so beeindruckt haben, dass sie sich auf der Stelle taufen ließen. Das war der Anfang der weltweiten Ausbreitung des christlichen Glaubens. Heute beziehen die Pfingstkirchen in ihren Gottesdiensten besonders auf die Wirkung des Heiligen Geistes. Ob er da gerade ist, bleibt offen.

Ein echter Protestant legt Wert auf Vernunft und Nüchternheit. Wenn man sich vorstellt, in Flensburg, Meldorf oder auf der Insel Föhr fielen plötzlich einige gestandene Bürger in geistliche Verzückung, das auszumalen reizt eher zum Lachen. Deshalb wird das Verhältnis zum Pfingstfest etwas kühler geblieben sein, auch wenn man sich nicht getraut zu denken, was die Leute in Jerusalem damals sogar gesagt haben: „Die sind doch voll süßen Weins!"

So ein bisschen Verdacht auf Schwärmerei und Gefühlsduselei haftet der Kirche immer an, wenn sie mal wieder die eingefahrenen Wohlstandsgewohnheiten in Frage stellt und an die Armen, Kranken und Flüchtlinge erinnert. Dabei ist „die Kirche" nichts anderes als alle, die an Gott glauben. Dass sie aber mit dem Gewerkschaftsbund und der katholischen Schwester zusammen den Abbau des Sozialstaates beklagt, das erfüllt manche doch wieder mit heimlicher Hochachtung.

Weltweit feiern Christen das gleiche Fest trotz unterschiedlicher Sprachen und religiöser Bräuche. Die einen sind mit dem Feiern in einer Stunde vernünftig fertig. Viele nutzen den ganzen Tag, um zu tanzen und zu singen. Alle aber leiden auf ihre Art darunter, dass es nicht zu gelingen scheint, die Begeisterung des Anfangs zurückzuholen. Das Pfingstfest erinnert daran: vom Geist wird man ergriffen und kann ihn nicht selbst erzeugen. Das unterscheidet die biblische Lehre vom Heiligen Geist von vielen Übungen, die religiöse Gruppen anbieten, um den religiösen Trip herbeizuzwingen wie mit einer Droge.

Ein religiöser Trip ist der Heilige Geist nicht. Aber aus der Bahn wirft er schon, weil er sich nicht an die Konventionen hält. Von der Konvention hat unsere angeblich unkonventionelle Umbruchzeit so viel, dass der Heilige Geist als Regelverletzer erster Ordnung bei seinem Auftreten massenweise Gesetze und Verordnungen brechen müsste. Einen Geist, der weht, wo er will, ohne dass er vorher von einem Kirchenamt oder einer Verwaltung auf Unbedenklichkeit und Schulabschluss überprüft wäre, kann sich schon bald keiner mehr vorstellen. In unserem freien Land müssen junge Leute unendliche Verbeugungen und Verbiegungen hinter sich bringen, damit sie die Schule schaffen und ihnen jemand einen Platz zur Ausbildung gewährt. Wer aus der Rolle gefallen ist, trägt das Makel lebenslang mit sich herum. Leute, die täglich zur Arbeit gehen, werden durch immer neue Diskussionen um die Löhne und Gehälter gemobbt, angeblich um die Lohnkosten zu senken. Wer keine Arbeit hat, ist selber schuld. Wer alt ist, soll sich seiner Rente ein wenig schämen. Wer Zuflucht sucht, findet nur unter schwersten Bedenken und Verdächtigungen Platz.

Statt Zuversicht regiert die Angst. Wo man mit seinen Gaben wuchern müsste, hält man sich ängstlich zurück. Man könnte von irgendjemand haftbar gemacht werden. Erklärbar ist das alles nicht mit der so beliebten emotionsfreien Vernunft. Man könnte denken, es regiert ein Geist, der mutlos, wütend und ängstlich macht. Er bringt uns alle außer Rand und Band. Da helfen nicht einmal neue Vorschriften.

Immer noch sind die meisten Menschen auch in Schleswig-Holstein getauft und konfirmiert. So ist ein Hauch vom Geist, der lebendig macht, weitergegeben. Heute warten viele darauf, dass der Heilige Geist sichtbar in die Kirchen zurückkehrt, auch wenn nur über sein Ausbleiben geklagt wird. Unterdessen aber gibt es viel zu tun und zu erleben.

Denn der Geist hat bewirkt, dass es keine Voraussetzungen für den Glauben gibt. Man braucht nicht arm oder reich, jung oder alt, Frau oder Mann, deutsch oder anderer Zunge, nicht besonders rechtschaffen und angepasst oder gar bibelfest und was es alles an Definitionen, Unterscheidungen und vermeintlichen Statussymbolen gibt, zu sein oder zu haben, um sich mit anderen Menschen zu verstehen und sie zu achten, wenn nicht gar zu lieben.

Viele Zeugen des Glaubens würden heute durch alle bürgerlichen, wenn nicht sogar rechtlichen Roste fallen. In unseren Tagen setzt sich auch der Verdächtigungen aus, der andere wirklich achtet, ohne daraus ein eigenes Interesse zu befriedigen.

Der Heilige Geist, hat der Apostel Paulus geschrieben, vertritt uns mit „unaussprechlichem Seufzen", was heute wohl auch ein Seufzen über die Geister wäre, von denen wir uns leiten lassen. Er schafft Zuversicht ohne Voraussetzung und oft gegen alle Vernunft. Die christlichen Kirchen und Gemeinden aller Art sind nur seine Platzhalter, auch wenn sich manche unter ihnen gebärden, als hätten sie ihn als Ausstellungsstück unter Glas. Man erkennt ihn aber daran, dass er sich nicht einsperren lässt. Er schafft Leben, Liebe, Freude, Zuversicht, Begeisterung, Geduld, Frieden und Beharrlichkeit. Wer sich nicht ergreifen lässt, ist schließlich selber schuld!

In Rio treffen sich Tausende Menschen zu einer Umweltkonferenz. Das Verstehen der fremden Sprachen ist kein Problem. Dolmetscher übersetzen. Vor der Konferenz aber und drumherum wird geredet, taktiert, hingehalten, dramatisiert und beschönigt – eine Begleiterscheinung aller Konferenzen auf dieser Welt. Die Not der Welt hat diese Konferenz zusammengebracht. Die Not der Welt aber, die alle sehen, in gemeinsame Worte und Handlungen zu kleiden, dazu sind die Interessengegensätze zwischen „reich" und „reich" und zwischen „reich" und „arm" offenbar zu groß. Aber immerhin – welch ein Unterschied zu Zeiten vor vielleicht zweitausend Jahren, Zeiten der Geschichte, als Völker und ihre Herrscher noch ganz anders miteinander umgingen. Wer nicht zu Pass kam oder wer gerade richtig kam, wurde einkassiert und unterjocht und unterdrückt und vielleicht sogar ausgerottet. Aber welch ein Unterschied auch zu der Zeit vor 50 Jahren. Damals war die gesamte Welt auch auf einer Konferenz, nämlich in einem Krieg und sie verstand sich sehr gut auf die gegenseitige Ausrottung. Auch heute noch schießen sich Menschen gegenseitig tot und zeigen damit offene Feindschaft. Doch immerhin scheinen die meisten Politiker, die meisten Menschen, insgeheim miteinander zu reden und an den Sinn von Gesprächen zu glauben, wenn auch oft unter dem Zeichen des Kampfes: Wer steht nachher besser da in den Medien oder bei seinem eigenen Volk? Wer wird der Star und wer wird der Buhmann? Das scheint häufig der Anlass für das Reden zu sein.

Die Israeliten zogen nicht wegen der Not der Welt auf den Tempelberg – die Geschichte haben Sie ja vorhin wieder gehört. Sie zogen nach Jerusalem, um (mit) Gott ein Fest zu feiern. In der langen Geschichte Israels gab es außer oder bei diesem Fest nebenher einen tiefgründigen Traum. Irgendwann heißt es bei Jesaja, irgendwann werden alle Völker zum Berge des Herrn ziehen. Sie werden nicht kommen, um zu kämpfen, zu ringen und den Stärksten zu küren, sondern sie werden kommen, um sich von Gott sagen zu lassen, wo und wie Gerechtigkeit zu schaffen ist, wie der soziale Friede in dieser Welt hergestellt werden kann. Ein Menschheitstraum, der Gipfel, auf dem nicht die Reichen die Armen und die Armen die Reichen ermahnen, sondern auf dem ein anderer spricht. Der Gipfel, auf dem nicht der Vatikan, wie es in der Berichterstattung neulich hieß, versucht ein Thema, nämlich die Familienplanung zu verhindern, sondern ein Gipfel der Erkenntnis, dass die Welt zum Frieden mehr braucht als die Durchsetzung von Eigeninteressen. Und seien es Eigeninteressen der gesamten Menschheit.

Wie alle Träume erstarrte auch dieser Traum immer wieder zum Ritual, das daher geplappert wurde. Und so ging es ihm wie allen Religionen und allen Träumen. Es sank herab zu bloßen Worten. Die visionäre Kraft ging verloren. Die Menschen verlernten und verlernen das Träumen. Statt der Anbetung Gottes kommt es dann zur Rechthaberei bis hin zum Fundamentalismus, der die Vernichtung der Ungläubigen fordert. Dieser zieht dann in die Tempel und Kirchen der Welt ein. Der Verstand wird missbraucht, nur um für sich selbst das Beste herauszuholen. Die Wächter reiner Lehre treiben ihr Unwesen. Menschen wissen nicht mehr, dass sie nur eine Gastrolle auf dieser Erde besitzen. Und dann das: Da spricht ein Hinterwäldler aus Galiläa, das war vielleicht damals so ähnlich, wie wenn man heute von Hamburg aus an die letzte Ecke bei der dänischen Grenze schaut – da weiß man gar nicht, ob die Leute überhaupt deutsch sprechen oder vielleicht dänisch – Entschuldigung für diesen Vergleich – so ähnlich war das mit den Jerusalemern und den Galiläern – weit weg, vom Lande – ein solcher kam also an und sprach im großen und weltbedeutenden Jerusalem irgendetwas. Er sprach von einem großen Erlebnis des Glaubens. Vielleicht wusste er selber nicht genau, was ihm geschah. So heißt es ja auch in der Geschichte: Sie sahen plötzlich Feuer auf den Köpfen. Sie wussten gar nicht, wie ihnen geschah. Der also spricht und stößt auf Skepsis und sogar Spott. Doch bei einigen kommen nun die alten Träume wieder hoch. Eure Söhne und Töchter sollen weissagen. Sonst können das nur erfahrene und ältere Menschen. Die Jünglinge sollen Visionen haben und die Alten sollen träumen. Die Alten deshalb, weil sie sonst die Menschen sind, die besonders realistisch und nicht besonders träumerisch durchs Leben gehen. Also: Es kommt wieder hoch. Plötzlich ist die andere Zeit da. Es ging ihnen durchs Herz, was die Jünger predigten. So heißt es in der alten Übersetzung.

Viele Menschen wurden offenbar innendrin – im Herzen – angesprochen und ließen sich die Botschaft von Jesus und dem wahren Leben sagen. Das geht über den eigenen Interessenhorizont hinaus und verbindet sie trotz unterschiedlichster Herkunft und Erfahrung ganz tief innen miteinander. Dreitausend sollen sich an diesem Tage bekehrt und taufen lassen haben. Eine riesige Initialzündung, die – wenn man so will – noch bis heute nachwirkt. Allerdings – ganz wichtig – nur ein einziges Mal berichtet das Neue Testament von einer solch massenhaften Initialzündung des Glaubens. Ein einziges Mal ein solches Großereignis. Vielleicht wünschen wir uns manchmal etwas Ähnliches: Dass endlich mal wieder ein Großereignis passiert, wo die ganze Welt sagt: ‚Da schaut sie an! Das sind sie, die wahren Christen mit dem wahren Glauben.'

Aber nicht immer kann man Großereignisse erwarten und sie vor allem nicht selbst produzieren. Deshalb bleibt uns oft nur der Traum. Die Welt – wir alle – träumen vom Frieden, von der Gerechtigkeit, von einer heilen Umwelt und der Bewahrung der Schöpfung. Manche aber prophezeien düstere Szenarien des Untergangs, nach denen man sich fragt, ob man seine Kinder noch durch dieses Leben hindurchbekommen wird. Es sei schlecht bestellt, heißt es da, um die Lernfähigkeit des Menschen. Pessimismus sei das Gebot der Stunde. Auf der Welt werde im Kleinen wie im Großen nur ein Spiel gespielt: Entweder du machst mich fertig oder ich mach dich fertig. Solcher Pessimismus ist vielleicht da und dort durchaus eine Erfahrung – auch bei uns. Aber ist er angebracht?

Der wahre Realist ist nicht der Pessimist, sondern der Träumer, hat einmal ein bedeutender Mann gesagt. Pfingsten feiern heißt, sich vom Traum der Verständigung, vom Traum des Lebens erfassen zu lassen. Das, was der Geist Gottes bewirkt, kommt von außen und von innen zugleich. Es ist die Antwort Gottes auf unsere Sehnsüchte. Es lässt sich nicht in verträgliche Appetithappen packen, nicht in die Hosen- oder Rocktasche stecken, sondern nur durch Öffnung erfahren. Wir öffnen uns dem Geist, der Leben schafft, wenn wir uns von innen heraus öffnen und auf die Träume von Umkehr, Neuanfang, Gerechtigkeit nicht verzichten, sondern vertrauen. Nur das kann herausführen aus diesem realistischen Pessimismus, dass der Mensch eben so ist wie er ist und alles noch herunterwirtschaften wird – noch viel weiter als heute.

Das Pfingstfest also feiern wir als Erinnerung an ein großes Ereignis, bei dem aus Feiernden Geistbegabte geworden sind. Sie wurden es nicht, weil sie unveränderliche Positionen hatten, die sie durchsetzen wollten, sondern weil sie hören und staunen konnten – hören und staunen. Schon vorher gab es den Traum von der Verständigung unter den Menschen nicht aus Not, sondern aus Glauben. Seither aber hat dieser Traum einen Namen. Den Namen des einen Gottes, den Jesus Christus uns ganz neu und ganz anders nahegebracht hat. Des Gottes, der nicht durch die Macht der Gewehre, nicht durch die

Macht der Natur, nicht durch die Macht der Macht eben, sondern durch seinen Geist wirken kann.

Welch ein Unterschied zu anderen Vorstellungen von Gott. Er wirkt durch seinen Geist, den man nicht sieht oder nachmachen kann. Wenn wir also wieder anfangen zu träumen oder uns hinaustragen lassen aus dem Zwang der Eigeninteressen und des Festgefahrenen, dann werden wir spüren können, wie Gott wirkt durch seinen Geist. Verstehen und wahres Leben, ein Geschenk – ich kann es nicht anders sagen – ein Geschenk aus der anderen Welt Gottes. Das verbindende Wunder kommt aus dem Geist, der Leben schafft.

Am Pfingstmontag stellen sich noch andere Fragen

Der eine Geist

4 Es sind verschiedene Gaben; aber es ist ein Geist. 5 Und es sind verschiedene Ämter; aber es ist ein Herr. 6 Und es sind verschiedene Kräfte; aber es ist ein Gott, der da wirkt alles in allen. 7 Durch einen jeden offenbart sich der Geist zum Nutzen aller. 8 Dem einen wird durch den Geist ein Wort der Weisheit gegeben; dem andern ein Wort der Erkenntnis durch denselben Geist; 9 einem andern Glaube, in demselben Geist; einem andern die Gabe, gesund zu machen, in dem einen Geist; 10 einem andern die Kraft, Wunder zu tun; einem andern prophetische Rede; einem andern die Gabe, die Geister zu unterscheiden; einem andern mancherlei Zungenrede; einem andern die Gabe, sie auszulegen. 11 Dies alles aber wirkt derselbe eine Geist, der einem jeden das Seine zuteilt, wie er will. (1. Kor. 12)

Die Epistel ist ja gar nicht so schwer zu verstehen: Verschiedene Gaben – ein Geist, verschiedene Ämter – ein Herr, verschiedene Kräfte – ein Gott. Man weiß nicht genau und kann es aus der Entfernung ja auch nicht abschätzen, spricht Paulus deshalb so intensiv von diesen beiden Dingen – verschieden, aber eins – weil er die Befürchtung haben musste, dass in Korinth, wohin dieser Brief gerichtet war, das Gegenteil passiert: verschiedene Geister - verschiedene Herren, verschiedene Kräfte – verschiedene Götter, verschiedene Ämter – verschiedene Geister. Ein bisschen hab ich's durcheinandergebracht, aber Sie verstehen. Es könnte sein, dass diese Mahnung zur Einheit in der Vielfalt diesen Hintergrund hat. Heute beschreiben die Menschen, die klug über unsere Zeit nachdenken, unsere Gesellschaft – also das Ganze, in dem wir leben so, dass da ein System von verschiedenen Teilsystemen ablaufe, ein System von verschiedenen Teilsystemen. Im Grunde gibt es nur noch ein Funktionieren, weil diese Teilsysteme zahnradartig ineinandergreifen. Aber es gibt kein „System", kein Ganzes mehr, sondern jeder lebt nur in seinem Teilsystem oder in verschiedenen Teilsystemen. Wenn Sie sich daran erinnern: Sie leben in einer Familie oder in Ihrem Zuhause. Sie leben in einem Verkehrssystem, ohne das Sie nicht irgendwohin kämen, vielleicht auch nicht einmal in die Kirche, eventuell noch mit dem Fahrrad. Aber auch das muss hergestellt werden, können Sie nicht selber .... Einige können es selber, aber nicht so viele wie zurzeit an Fahrrädern vorhanden sind. Verschiedene Teilsysteme greifen ineinander. Jedes hat seinen Sinn zwar nur darin, dass es Teil des Ganzen ist, aber niemand hat so recht mehr ein Gefühl des Ganzen.

Nun schauen wir uns an, was Paulus hier an Teilen nennt: Kräfte: Weisheit, Erkenntnis, Glaube, Heilung, Wunder, prophetische Rede und Zungenrede plus deren Auslegung. Alles zusammen steht dem einen Geist, dem einen Gott gegenüber. Ganz leicht könnte ich mir vorstellen, dass hinter diesen vielen Kräften eben der Gedanke steckte: Wir, die Zungenredner, oder wir, die Leute mit Erkenntnis, oder wir, die Leute mit der Weisheit: Wir sind sie Richtigen. Uns hat der Geist begabt. Alle anderen Dinge sind nicht so wichtig. Deshalb Paulus: Alle Gaben sind gleich wichtig, weil sie aus dem einen Geist, der einen Kraft, dem einen Gott kommen. Das also ist sicherlich der Sinn. Da braucht nichts interpretiert zu werden, was das für heute zu sagen hat. Zumal für eine christliche Gemeinde. Natürlich gilt auch da, verschiedenste Gaben, aber ein Geist, verschiedenste Ämter, aber ein Herr, nicht zwanzig oder hundert. Das kommt aus dieser Stelle des Textes heraus. Wenn man das nun noch auf Pfingsten bezieht, wird eines ganz deutlich: Der eine Geist Gottes wirkt in verschiedenen Kräften, Richtungen, Versionen und muss trotzdem als Einheit, als eines, betrachtet werden. Die Frage heißt also nicht: Welche Gabe ist die Beste? Sondern: Wie kann sichtbar werden, dass alle die verschiedenen Kräfte und Gaben eins im Hintergrund und eins zum Ziel haben. Ich merke, ich falle in den Predigtton...

(Stehgreifansprache)

Der Fels auf dem die Kirche steht

13 Da kam Jesus in die Gegend von Cäsarea Philippi und fragte seine Jünger und sprach: Wer sagen die Leute, dass der Menschensohn sei? 14 Sie sprachen: Einige sagen, du seist Johannes der Täufer, andere, du seist Elia, wieder andere, du seist Jeremia oder einer der Propheten. 15 Er sprach zu ihnen: Wer sagt denn ihr, dass ich sei? 16 Da antwortete Simon Petrus und sprach: Du bist der Christus, des lebendigen Gottes Sohn! 17 Und Jesus antwortete und sprach zu ihm: Selig bist du, Simon, Jonas Sohn; denn Fleisch und Blut haben dir das nicht offenbart, sondern mein Vater im Himmel. 18 Und ich sage dir auch: Du bist Petrus, und auf diesen Felsen will ich meine Gemeinde bauen, und die Pforten der Hölle sollen sie nicht überwältigen. 19 Ich will dir die Schlüssel des Himmelreichs geben: Was du auf Erden binden wirst, soll auch im Himmel gebunden sein, und was du auf Erden lösen wirst, soll auch im Himmel gelöst sein. (Matthäus 16)

Auch das Evangelium ist so ausgesucht für den heutigen Sonntag, dass es zum Thema macht, was der Geist Gottes sei. Wie häufig im Neuen Testament wird es in eine Geschichte gekleidet, um deutlicher zu machen, worum es geht. ‚Wer sagen die Leute, dass ich sei, genauer: dass der Menschensohn sei?' fragt Jesus. Na ja, eine Umfrage sozusagen, Meinungsumfrage oder wie immer: Das Ohr am Volk, würden die Politiker sagen. Also Jesus fragt: Was meinen die Menschen? Sie sagen, hm... Elia vielleicht, der Wiederkommende, oder Johannes der Täufer, möglicherweise wiedererschienen oder sogar auferstanden, oder vielleicht ein alter Prophet, ein neuer alter Prophet oder etwas anderes wichtiges Prophetisches. Die Leute brauchen ihre Schablonen, ihre Vorbilder, ihre vielleicht sogar Vorurteile oder ihre Modelle, um eine Sache, einen Menschen zu verstehen. Das wissen ja, glaube ich, alle. Man denkt, dieser Mensch ist wie – mein Vater, meine Mutter, mein ehemaliger Nachbar, genauso schlimm oder genau so nett. Alle Erkenntnisprozesse in uns Menschen laufen nach diesem Modell ab, dass wir Ähnliches oder Unähnliches in Einklang bringen oder eben nicht. Er ist wie ..., er ist nicht wie .... Einer der großen Psychoanalytiker hat gesagt, es gehe so weit: In uns Menschen gibt es Bilder, feststehende Bilder, die von Heil und Unheil, vom Guten und vom Bösen uns etwas zu wissen geben, ohne dass wir es schon erfahren hätten. Er nannte es Archetypen. Alte Bilder in der Seele.

Nach solchen Bildern bilden wir unsere Gefühle und unsere Lebensentscheidungen. Verstehen Sie das bitte nicht falsch. Das ist keine Zurücksetzung von Jesus oder anderen Glaubensgestalten. Es ist nur der Versuch des Psychologen, zu erklären: Deshalb könnten in aller Welt Rettergestalten und Teufelsgestalten auftauchen. Jeweils in ganz ähnlicher Form, weil die menschliche Seele schon in ihrem Urgrund darauf eingerichtet ist. Sie braucht diese Modelle, um sich zu orientieren.

Mag sein, wie es ist oder wie es will. Die Geschichte sagt, die Menschen brauchen Vorbilder, Modelle, Schablonen: Er könnte sein wie Elia, wie Johannes usw. Nun fragt Jesus: Was meint ihr denn? Die Leute – schön und gut, aber was meint ihr? Da antwortet Simon: „Du bist Christus, des lebendigen Gottes Sohn." Die erstaunliche Reaktion von Jesus: „Selig bist du, Simon, Jonas Sohn. Denn Fleisch und Blut haben dir das nicht offenbart, sondern mein Vater im Himmel." Also: Der Mensch, der durchschnittliche, natürliche Mensch, so wie wir eben sind, kann das Außergewöhnliche gar nicht erkennen. Das wird durch die Antwort Jesu bestätigt. Denn Fleisch und Blut braucht ja eben die Modelle, um zu erkennen. Wenn aber der Vater im Himmel etwas offenbart, dann ist es ohne Modell. Dann erkennt man sofort, blitzartig, mit unmittelbarer Einleuchtung, wie die Philosophen früher gesagt haben. Es gibt nichts mehr, was dazwischensteht, die Erkenntnis wird unmittelbar gegeben.

Dann folgt das eigentlich Entscheidende oder wie manche sagen, das, was das Christentum auf die schlechte Bahn gebracht hat. Ich will gleich erklären, warum die beiden Möglichkeiten bestehen. Einer der großen biblischen Forscher hat nämlich gesagt: „Jesus predigte das Reich Gottes, gekommen ist die Kirche." Was er damit gemeint hat, das ist ihnen ja sicher auch klar, nämlich: die Kirche sei nicht das Reich Gottes. Diese Aussage könnte man hier bestätigen oder verwerfen, je nachdem wie man zu diesem Text steht. Denn: „Du bist Petrus", also der Fels. „Auf diesem Felsen will ich meine Gemeinde bauen und die Pforten der Hölle sollen sie nicht überwältigen. Ich werde dir des Himmelreichs Schlüssel geben. Was du auf Erden binden wirst, soll auch im Himmel gebunden sein, und was du auf Erden lösen wirst, soll auch im Himmel gelöst sein." Aus diesem Stück Text bezieht die katholische Kirche die Rechtfertigung für den Stuhl Petri, also den Papst in Rom. Diesem Petrus hat Jesus persönlich, weil er ja eben von Gott offenbart bekommen hat, wer Jesus ist, diesem hat er persönlich die Binde- und Lösegewalt gegeben. Petrus hat sie seinen Nachfolgern übergeben, bis heute zum – wenn ich nicht irre – 264. Nachfolger Petri in Rom. Daraus kann man erklären, warum die katholische Kirche so straff hierarchisch konstruiert sein muss, wie sie nun einmal ist. Obwohl es in den Fugen immer wieder mal kracht, muss sie es nach diesem Verständnis. Nur der eine hat ja dieses zugesagt bekommen: Die Binde- und Lösegewalt. Nur er gibt es weiter an die ordinierten / geweihten Amtsträger der Kirche. Hier steht zwar nichts vom Zölibat und diesen Sachen, aber es steht immerhin etwas von der Übergabe der Binde- und Lösegewalt.

Sollten wir das so interpretieren, müssten wir schnell katholisch werden und uns unter die Binde- und Lösegewalt des Stuhles Petri begeben. Nun aber gibt's auch eine ganz andere Möglichkeit. Ich will die des Himmelreichs Schlüsseln geben, sagt Jesus zu Petrus, weil Petrus ihn erkannt und das vom Vater im Himmel offenbart bekommen hat. Diese Offenbarung kann jedem Menschen widerfahren. Das heißt: Jeder Mensch, der erkennt: Du bist Christus, hat dieses direkt von Gott oder ist geistbegabt, wenn man so will. Jeder Einzelne ist deshalb der Fels, auf dem die Kirche steht. So, wenn auch vielleicht nicht ganz so extrem hat Martin Luther das ausgelegt, indem er sagte, in unserer Kirche ist das Priestertum aller Gläubigen die Realität. Es geht also nicht um den Einzelnen, der's bekommen hat. Es geht um den Glaubensvorgang und um die Begabung mit dieser Erkenntnis. Nur darum dreht sich diese Stelle aus dem Matthäusevangelium. Nun wissen Sie ja alle: die evangelische Kirche hat es nicht geschafft, das Priestertum aller Gläubigen ganz zu verwirklichen. Es gibt nach wie vor einen, der ordiniert wird. Sie legen besondere Versprechen oder Gelübde ab, sie tragen besondere Verantwortung. Man könnte das „der" auch durch „die" ersetzen. Es gibt also nach wie vor „Amtsträger" und „Amtsträgerinnen". Aber im Grundsatz ist es durchaus noch vorhanden, dass die Kirche auf dem Felsen des Glaubens des einzelnen Menschen ruht. Darin wirkt der Geist Gottes. Eine Kirche, in der nur Amtsträger fungieren - na ja, Sie wissen, wohin die führt. Vielleicht steht in hundert Jahren noch das Haus. Aber was darin passiert - weiß ich nicht.

Der Einzelne ist der Fels und die Einzelnen haben auch im Glauben den Schlüssel des Himmelreiches. Ein bisschen wird mir Angst bei dieser Interpretation. Wenn man sie radikal vornimmt, wie ich das getan habe, ist der Glauben eine sehr umstürzende und sehr verantwortliche Sache: Eine Begabung, kein eigenes Tun. Eine Begabung, dem das eigene Tun dann folgt. Vielleicht ist das etwas zu sehr durch die lutherische Brille gesehen. Texte auszulegen ist immer ein Versuch, zwischen jetzt und damals hin und her zu gehen. Wie auch einmal die Wissenschaftler gesagt haben, den garstigen Graben der Geschichte zu überwinden und sich mit einem in diesem Falle zweitausend Jahre alten Text zu verbinden.

Also: Wir Menschen brauchen Schablonen. Deswegen passen wir Christus immer wieder in Schablonen hinein wie Jesus, der Revolutionär; Jesus, der nur gebetet und geheilt hat; Jesus, der ganz woanders herkommt; Jesus, der Hippie, der Wanderprediger – ach Sie kennen noch viele andere. Schablonen, Modelle. Immer wieder wird ein neues Modell nötig, um zu verstehen. Aber der Grund, der Grund ist gelegt dadurch, dass der Geist uns gibt, zu sagen: Du bist Christus, des lebendigen Gottes Sohn.

(Stehgreifpredigt)

Die Sorglosigkeit

Einer der schönsten Texte der Bibel:

„Sorgt nicht um euer Leben, was ihr essen und trinken werdet;
auch nicht um eueren Leib, was ihr anziehen werdet.
Ist nicht das Leben mehr als die Nahrung und der Leib mehr als die
Kleidung?
Seht die Vögel unter dem Himmel an:
sie säen nicht,
sie ernten nicht,
sie sammeln nicht in die Scheunen;
und euer himmlischer Vater ernährt sie doch.
Seid ihr denn nicht viel mehr als sie?
Wer ist unter euch, der seiner Lebensdauer eine Spanne zusetzen
könnte,
wie sehr er sich auch darum sorgt?
Und warum sorgt ihr euch um die Kleidung?
Schaut die Lilien auf dem Feld an, Wie sie wachsen:
Sie arbeiten nicht, auch spinnen sie nicht.
Ich sage euch, dass selbst Salomo in seiner ganzen Herrlichkeit nicht
so gekleidet gewesen ist wie auch nur eine von ihnen.
Wenn nun Gott das Gras auf dem Feld so kleidet,
das doch heute steht und morgen in den Ofen geworfen wird:
Sollte er das nicht viel mehr für euch tun, Ihr Kleingläubigen?
Darum sollt ihr nicht sorgen und sagen:
Was werden wir essen?
Was werden wir trinken?
Womit werden wir uns kleiden?
Denn nach dem allem trachten die Heiden.
Euer himmlischer Vater weiß ja, dass ihr das alles braucht.
Trachtet zuerst nach dem Reich Gottes und nach seiner Gerechtigkeit,
so wird euch das alles zufallen.
Darum sorgt nicht für morgen,
denn der morgige Tag wird für das seine sorgen
Es ist genug, dass jeder Tag seine eigene Plage hat."
(Matth.6, 25 - 34)

Jesus hatte offenbar keine Kinder und keinen Hunger, keinen Krieg und keine Revolution, ja und keinen Winter, für den Vorsorge getroffen werden musste...

Er lebte in einem prächtigen Land mit mehreren Ernten im Jahr und hatte nichts zu präparieren. Keine Kirche, keinen Vorstand, keine Heizung, keine abblätternde Farbe am Haus, keine Waschmaschine und keinen Geschirrspüler. Ja nicht einmal ein Bett nannte er sein eigen. Essen tat er, wo er gerade mal eingeladen war, oder von den wundersamen Gaben aus Gottes Natur! Gott gab ihm ein, was er reden sollte und das war schlimm genug - jedenfalls in den Augen seiner Gegner! Doch nicht einmal das gab ihm zur Sorge Anlass!

Wenn man da an die vielen kirchlichen Äußerungen denkt, in denen es anfängt: "Mit großer Sorge betrachten wir..." und dann folgt ein Krieg, die Arbeitslosigkeit, die Umwelt oder die Abtreibung, und vielleicht die Kirchenaustritte.... Sorgen hatte er nicht, aber offenbar Ahnungen oder vielmehr prophetische Worte. Die Welt ist so, wie sie ist. Es kommt wie`s kommt, von Gott geschickt. ... Wenn ich das meinem Chef sage, ... oder als Schülerin oder Schüler dem Lehrer oder den Eltern, da gibt`s dann doch einiges zu hören...

Viele Menschen fahren in die Ferien, vielleicht auch um ihre Sorgen loszuwerden. Andere Gegend, anderes Lebensgefühl, andere Gedanken, andere Beschäftigungen. Doch siehe - kann ich fast pathetisch sagen - nach ein paar Tagen haben die Sorgen den Weg auch zurückgelegt.

Kinder, die geboren werden, die machen ja schon lange vorher Sorgen: geht alles gut? Hat die Mutter vielleicht eine Krankheit gehabt, sodass man sich um die Gesundheit des Kindes sorgen muss? Reicht das Geld, die Zeit, die Geduld und die Liebe aus? Wenn sie geboren sind, wollen wir nach Möglichkeit alles entsorgt haben, was sie beschweren könnte... Freude machen sie allerdings auch...

Überhaupt haben wir ja ein ganz neues Wort: Die Entsorgung, wahrscheinlich von der Versorgung abgeschaut. Müll wird entsorgt, d.h., so verarbeitet, dass er keine Sorgen mehr macht. Bei einigem Müll geht das leider nicht. Deshalb heißt er dann Sondermüll. Der wird aber erst recht entsorgt! Er wird so weggelegt, dass er möglichst niemand schaden kann, oder verbrannt, um dann die giftigen Rückstände zu entsorgen usw.

Das Sorgen der Menschen dient der Entsorgung des Lebens. Immer neue Löcher tauchen auf, wenn die alten gestopft sind und so geht das Sorgen und Planen munter weiter.

Sorget nicht! sagt Jesus.

Kann ein Mensch dastehen und strahlen wie eine Blume? Ich habe schon solche Menschen gesehen! Sie sicher auch! In einem glücklichen Moment ist ein ganzes Kind ein einziges Strahlen. Menschen, die in sich ruhen, wirken so, als fehle ihnen überhaupt nichts, als könnten sie sich ihres Lebens schlicht und einfach freuen.

Umgekehrt: ein Mensch geht in seinen Sorgen unter. Er weiß sich nicht mehr geborgen, sondern wie von allen Seiten umlagert. Die Tage sehen aus wie Berge, die einem die Sicht und den Atem nehmen.

Das Gefühl der kraftlosen Sorge, etwas anders machen zu wollen und doch nicht zu können, ein solches Gefühl der Depressivität ist heute weit verbreitet. Vor allem Menschen, die es sehr genau mit sich und den anderen nehmen, verfallen dieser Sorgenstimmung. Sie empfinden die Pflicht, das Gute - oder den Glauben - in die Welt tragen zu müssen und sich dadurch die Anerkennung und die Liebe der Menschen und auch Gottes vielleicht doch noch zu erwerben.

Sorget nicht: Die Liebe Gottes ist bereits da. Niemand kann sie durch Sorgen oder irgendetwas anderes herbeizwingen und niemand muss das.

Der gebildete Mensch mag nun einwenden: Zwischen den Vögeln, den Blumen und den Menschen gibt es ja schließlich einen großen Unterschied! Die Tiere und Pflanzen sind spezialisiert. Sie haben ihre ökologische Nische. Nur in ihr können sie existieren. Und darin sind sie wohlgeordnet. Der Mensch aber ist im Grunde ein Mängelwesen, auf nichts spezialisiert und muss gerade deshalb sorgen. Ohne Sorge kein menschliches Leben und keine menschliche Entwicklung.

Es gibt einen Unterschied zwischen Sorge und Planung. Sorge ist ein Zustand der Seele. Planung ist eine Aktivität des menschlichen Geistes. Ohne Planung kein Ausflug, keine Freizeit, kein Kindernachmittag, keine Hochzeitsfeier und kein Hausbau.

Andererseits aber werden wir durch Planung hineingezwängt in die "Mechanismen" der Gesellschaft. Niemand darf mehr aus der Rolle fallen. Kinder sollen nach einem gewissen Plansoll aufwachsen und nützliche Mitglieder der Gesellschaft werden. Ja selbst die Gesundheit des Kindes kann vielleicht in näherer Zukunft bereits im Mutterleib geplant werden. Sogar der Zeitpunkt, zu dem wir unsere Kinder bekommen, unterliegt privaten und öffentlichen Planungen.

Die Planung in der Sorge, nun wirklich die Fülle des Lebens herbeizuzwingen und alles auszukosten, so gut es geht, genau die ist gemeint, wenn Jesus sagt: Sorget nicht! Die Fülle des Lebens liegt ganz woanders! "Trachtet am ersten nach dem Reich Gottes und nach seiner Gerechtigkeit, dann wird euch alles andere zufallen!" Nicht die Fülle zwingen, sondern von der Fülle nehmen, die unser Leben darstellt! Jesus spricht vom Urvertrauen als dem Urgrund des Glaubens und des Lebens.

Die Sorglosigkeit des Glaubens ist keine Gewissenlosigkeit oder nach - mir - die - Sintflut - Haltung. Glauben heißt, sich aufgehoben wissen, egal wie die Situation gerade ist. Erst aus diesem Glauben heraus lassen sich Schritte planen, die das Durcheinander auf der Welt nicht etwa zum Erliegen bringen, aber doch zur Gestaltung helfen. Wenn wir also den Krieg nicht anhalten, den Hass nicht beseitigen und unsere Kinder oder wir selbst eben doch manchmal in schwierige Situationen kommen, fallen wir deshalb noch lange nicht aus der Geborgenheit Gottes heraus!

Sorget nicht um euer Leben..., das ist einer der schönsten Texte der Bibel. Man sollte sich in ihn hineinfallen lassen, ihn immer wieder lesen und sich fragen: Was sagt er mir jetzt? So ein Text kann einen das Leben hindurch begleiten und gewinnt immer wieder eine neue Gestalt.

Lebt nicht aus der Sorge heraus, euch könnte etwas passieren, sondern lebt aus der Geborgenheit und Freude des Glaubens heraus, damit ihr die Aufgaben eines jeden Tages anpacken könnt. "Es ist genug, dass ein jeder Tag seine eigene Mühe und Plage habe." Und Aufgaben für den Tag gibt es genug! Was nämlich heute angepackt wird, ist morgen kein Anlass zur Sorge mehr!

Nun könnte ich noch praktisch werden. Ich überlasse der Phantasie jedes einzelnen, dies zu tun!

Träume von Südsee, Inseln, von Palmen, weißen Stränden und sanftem Wind. Träume von den Ferien, den Tagen ohne Verpflichtung. Oder wie auf dem bekannten Gemälde: Eine Gegend, wo die Schweine gebraten herumlaufen und die Menschen vor lauter Essen nicht mehr laufen können.

Vor kurzem hat wieder einmal jemand das Paradies gesichtet, diesmal ein Forscher. Eine Gegend in Ostafrika könnte die Wiege der Menschheit sein und damit das Paradies: eine Landschaft, die in unseren Köpfen als Bilderbuchlandschaft herumschwirrt: wie ein schöner Garten, da und dort ein Baum mit Früchten, alles überschaubar und sonnendurchflutet, Mensch und Tier gut versorgt und friedlich. Schließlich das Paradies im Reich Gottes, wo uns nichts fehlt.

1 Und die Schlange war listiger als alle Tiere auf dem Felde, die Gott der HERR gemacht hatte, und sprach zu der Frau: Ja, sollte Gott gesagt haben: Ihr sollt nicht essen von allen Bäumen im Garten? 2 Da sprach die Frau zu der Schlange: Wir essen von den Früchten der Bäume im Garten; 3 aber von den Früchten des Baumes mitten im Garten hat Gott gesagt: Esset nicht davon, rühret sie auch nicht an, dass ihr nicht sterbet! 4 Da sprach die Schlange zur Frau: Ihr werdet keineswegs des Todes sterben, 5 sondern Gott weiß: an dem Tage, da ihr davon esst, werden eure Augen aufgetan, und ihr werdet sein wie Gott und wissen, was gut und böse ist. 6 Und die Frau sah, dass von dem Baum gut zu essen wäre und dass er eine Lust für die Augen wäre und verlockend, weil er klug machte. Und sie nahm von seiner Frucht und aß und gab ihrem Mann, der bei ihr war, auch davon und er aß. 7 Da wurden ihnen beiden die Augen aufgetan und sie wurden gewahr, dass sie nackt waren, und flochten Feigenblätter zusammen und machten sich Schurze. 8 Und sie hörten Gott den HERRN, wie er im Garten ging, als der Tag kühl geworden war. Und Adam versteckte sich mit seiner Frau vor dem Angesicht Gottes des HERRN zwischen den Bäumen im Garten. 9 Und Gott der HERR rief Adam und sprach zu ihm: Wo bist du? 10 Und er sprach: Ich hörte dich im Garten und fürchtete mich; denn ich bin nackt, darum versteckte ich mich. 11 Und er sprach: Wer hat dir gesagt, dass du nackt bist? Hast du gegessen von dem Baum, von dem ich dir gebot, du solltest nicht davon essen? 12 Da sprach Adam: Die Frau, die du mir zugesellt hast, gab mir von dem Baum und ich aß. 13 Da sprach Gott der HERR zur Frau: Warum hast du das getan? Die Frau sprach: Die Schlange betrog mich, sodass *ich aß. 14 Da sprach Gott der HERR zu der Schlange: Weil du das getan hast, seist du verflucht vor allem Vieh und allen Tieren auf dem Felde. Auf deinem Bauche sollst du kriechen und Staub fressen dein Leben lang. 15 Und ich will Feindschaft setzen zwischen dir und der Frau und zwischen deinem Samen und ihrem Samen; er wird dir den Kopf zertreten, und du wirst ihn in die Ferse stechen. 16 Und zur Frau sprach er: Ich will dir viel Mühsal schaffen, wenn du schwanger wirst; unter Mühen sollst du Kinder gebären. Und dein Verlangen soll nach deinem Mann sein, aber er soll dein Herr sein. 17 Und zum Mann sprach er: Weil du gehorcht hast der Stimme deiner Frau und gegessen von dem Baum, von dem ich dir gebot und sprach: Du sollst nicht davon essen –, verflucht sei der Acker um deinetwillen! Mit Mühsal sollst du dich von ihm nähren dein Leben lang. 18 Dornen und Disteln soll er dir tragen, und du sollst das Kraut auf dem Felde essen. 19 Im Schweiße deines Angesichts sollst du dein Brot essen, bis du wieder zu Erde wirst, davon du genommen bist. Denn Staub bist du und zum Staub kehrst du zurück. 20 Und Adam nannte seine Frau Eva; denn sie wurde die Mutter aller, die da leben. 21 Und Gott der HERR machte Adam und seiner Frau Röcke von Fellen und zog sie ihnen an. 22 Und Gott der HERR sprach: Siehe, der Mensch ist geworden wie unsereiner und weiß, was gut und böse ist. Nun aber, dass er nur nicht ausstrecke seine Hand und nehme auch von dem Baum des Lebens und esse und lebe ewiglich! 23 Da wies ihn Gott der HERR aus dem Garten Eden, dass er die Erde bebaute, von der er genommen war. (1. Mose 3)*

Gehört diese Geschichte überhaupt in die Bibel? Wir erwarten doch nur Aufbauendes und Tröstendes und nun das! Sünde, Strafe und Tod! Das ist die Geschichte vom Paradies. Die Strafen wirken umso drakonischer, als wir im Grunde kaum verstehen können, was an dem Verhalten der beiden ersten Menschen Sünde sein soll. Andererseits wieder kennt jeder die Situation der Versuchung: Sollte etwa Gott gesagt haben...? Was verboten ist, wird umso interessanter. Hätte Gott nicht verboten, Eva hätte vielleicht gar nicht so genau auf diesen Baum geachtet, den Baum der Erkenntnis des Guten und des Bösen.

Das Gute und das Böse bilden im Denken der alten Israeliten zusammen das Ganze. Von Gott hatten die Menschen einmal den Eindruck, er tue nichts Gutes und nichts Böses - das heißt, er tue gar nichts. Und ist es nicht auch so mit den Eindrücken von Menschen? Wenn sie nichts Gutes und nichts Böses tun, dann tun sie gar nichts.

"Ja sollte Gott gesagt haben, du sollst von diesem Baum nicht essen, der das ganze enthält, der klug macht, der unterscheiden hilft? Ja, der behandelt dich wie ein Kleinkind." Da hat die Schlange recht und Eva probiert, weil die Frucht doch so verlockend ist und gibt auch Adam davon. Das Ergebnis des Essens war, dass sie sich ihrer Nacktheit bewusstwurden. Es schlägt ihr Gewissen, sie wollen sich verstecken, erst mit Lendenschurzen und dann im Gebüsch, weil Gott kommt. Durch ihr Verhalten verraten sie sich. Denn Gott geht ganz ahnungslos[1] im Garten spazieren und ruft den Menschen. Adam erklärt sein Verhalten mit Angst. Die Folge der Trennung ist die Angst.

Warum hat er das getan, vom Baum zu essen, der ihm verboten war? Angst gibt die Antwort: die Frau war's, die Schlange war's. Und nun folgt der Lohn der Angst: die Strafe. Keine Ausrede hilft. Die Urängste der Menschheit finden ihren Ausdruck in den Strafen. Sie treten unbarmherzig herauf, von Gott festgesetzt:

Die Feindschaft zwischen der Schlange und den Menschen, zwischen Natur und Mensch. Die Schieflage in der Beziehung zwischen Frau und Mann. Die Weitergabe des Lebens unter Schmerzen. Die Angst vor dem Verhungern und schließlich die Angst vor dem Tod. Da ist nichts von der in unserer Zeit so geliebten Vergebung und Barmherzigkeit als Kennzeichen Gottes zu spüren. Im Gegenteil; er verteidigt sein Territorium mit einem Flammenschwert gegen jeden menschlichen Eindringling.

Die Stimmung in dieser Geschichte scheint eher depressiv als gläubig aufgelockert. Wenn man aber genau hinschaut, dann handelt es sich bei dem Bösen, das jetzt zur Sprache gekommen ist, um das Normale. Heraus aus dem Paradies, hinein in die Realität und das auch noch, weil es so verlockend ist. All das Böse, was die Menschen dann an Krieg, Verheerung, Unterdrückung und Gewalt übereinander bringen, taucht da noch gar nicht auf. Welch ein Paradies, wo es nur das Normale mit der täglichen Not gibt! Die Versuchung, selbst alles zu steuern, um den Schicksalen zu entgehen, ist groß.

Jesu Versuchungsgeschichte scheint gegenteiliger Art. Der Versucher lockt ihn, der nicht alltäglichen Not zu entfliehen. Also auch selbst zu steuern und die Macht auszuprobieren, die der Glaube ihm gibt. Je-

---

1 Dieses Wort erzeugte Proteste mehrerer Predigthörer: „Gott kann doch nicht ahnungslos sein! Dann wäre er nicht Gott." Wenn aber Gott menschlich dargestellt wird, ist das unvermeidlich.

sus tut es nicht. Er wehrt die Versuchung ab und setzt Gott nicht als Versuchsobjekt aufs Spiel.

Der Apostel Paulus (Römer 5) hat gesagt, Adam sei der erste, durch den wir unter die Macht der Sünde geraten sind, und Jesus der erste, durch den wir frei geworden sind. Wenn man die beiden als Gegenstücke sehen will, dann hat Adam, genauer sogar Eva, probiert, ob das, was Gott sagt, auch so ist. Jesus hat auf das Probieren verzichtet. Der Glaube versucht nicht, Gottes Macht herauszuzerren, sondern vertraut ihr blind. Der Unglaube fordert Gott heraus. Jesus hat das an verschiedenen Beispielen vorgeführt: Habt ihr keinen Glauben, fragte er die Jünger, als diese vor einem Sturm auf dem See Angst bekamen. Dieses ungläubige Geschlecht will Zeichen sehen, sagt er an anderer Stelle.

Die Selbststeuerung des Daseins, die oft eine Selbstdurchsetzung bedeutet, erscheint oft als Weg zum Paradies und endet damit, die Verantwortung für sein Tun aufgeladen zu bekommen. Unsere menschliche Unfertigkeit und Unzufriedenheit mit dem bloßen Leben und Sterben hat Großes hervorgebracht: Medizin, Technik, Lebensqualität, Geist, Kunst, Freizeit, Konsum, Freiheit und schnelle Fortbewegung. Noch größer aber ist die Unordnung und der Kampf um die Quellen des Wohlstands. Menschen spielen sich als die Herren der Menschen auf, wo doch eigentlich alle gleich sind. Und schließlich geht bei allen großen Errungenschaften die Angst um. Teils ist es alte Angst vor den Fremden, die das Paradies rauben. Teils die große Angst vor der Zerstörung der Lebensgrundlagen auf dieser Erde - ganz abgesehen von all den persönlichen Ängsten, die mit allen Mitteln unterdrückt werden.

Die Geschichte vom Paradies ist die Geschichte seines Verlustes. Darin liegt Tragik. Daraus kann man auch als moderner Pastor keine Ratschläge ableiten. Die Antwort darauf ist das schlichte Vertrauen auf Gott.

2. Korintherbrief 1

<u>3</u> Gelobt sei Gott, der Vater unseres Herrn Jesus Christus, der Vater der Barmherzigkeit und Gott allen Trostes,
<u>4</u> der uns tröstet in aller unserer Bedrängnis, damit wir auch trösten können, die in allerlei Bedrängnis sind, mit dem Trost, mit dem wir selber getröstet werden von Gott.
<u>5</u> Denn wie die Leiden Christi reichlich über uns kommen, so werden wir auch reichlich getröstet durch Christus.
<u>6</u> Werden wir aber bedrängt, so geschieht es euch zu Trost und Heil; werden wir getröstet, so geschieht es euch zum Trost, der sich wirksam erweist, wenn ihr mit Geduld dieselben Leiden ertragt, die auch wir leiden.
<u>7</u> Und unsre Hoffnung steht fest für euch, weil wir wissen: Wie ihr an den Leiden teilhabt, so habt ihr auch am Trost teil.
<u>8</u> Denn wir wollen euch, Brüder und Schwestern, nicht verschweigen die Bedrängnis, die uns in der Provinz Asia widerfahren ist, da wir über die Maßen beschwert waren und über unsere Kraft, sodass wir auch am Leben verzagten;
<u>9</u> und wir dachten bei uns selbst, zum Tode verurteilt zu sein. Das geschah aber, damit wir unser Vertrauen nicht auf uns selbst setzten, sondern auf Gott, der die Toten auferweckt, <u>10</u> der uns aus solcher Todesnot errettet hat und erretten wird. Auf ihn hoffen wir, er werde uns auch hinfort erretten.
<u>11</u> Dazu helft auch ihr durch eure Fürbitte für uns, damit von vielen auf vielfältige Weise um unsertwillen Dank dargebracht werde für die Gabe, die uns gegeben ist.

Christsein bedeutet nicht Leidensfreiheit. Paulus spricht von Verzagen und Überwindung. Er spricht von der Hoffnung aufs Gebet. Gott erlöst vom Tode...

Der Christ hat fröhlich und gelöst zu sein und immer voll Zuversicht, sonst merkt man gleich seinen Mangel an Glauben! Eine solche Denkfigur begegnet uns heute in den fundamentalistischen Bewegungen der christlichen Kirchen. Und diese Bewegungen sind die, die zurzeit am meisten wachsen.

Es scheint so, als ob viele Menschen einen Glauben suchen, der aus den Alltagsproblemen herauslöst und sie für eine Zeit über alles schmerzliche Innere und Äußere hinweghebt. Einen Glauben, der unangreifbar macht.

Der Tag, an dem ich mich bekehrte, hat die Welt verändert. Nur die anderen haben das noch nicht gemerkt! So lässt sich mancher zitieren, der aus großer Not zum Glauben kam. Nun will niemand behaupten, dass der Glaube Menschen nicht verändern kann. Dass er aber die Geschöpflichkeit des Menschen und die Not des Lebens ein für alle Mal beseitigen könne, ist eine große Religion. Ich habe große Achtung vor Menschen, die ihren Glauben so leben, dass er das ganze Leben prägt.

Auch sie aber entkommen nicht der Not des Leibes. Auch sie brauchen manchmal einen Arzt - und nehmen ihn auch in Anspruch. Konsequenz eines ganz fundamentalistisch ausgerichteten Menschen wäre es, keinen Arzt zu bemühen, denn zu Jesu Zeiten gab es diese nicht. Jesus alleine wäre dann der Arzt. Wenn er helfen will, dann wird er es tun, wenn nicht, ist es auch Gottes Wahl.

Paulus, der große Missionar, der Spätberufene, der den Glauben entschlossen in die Welt getragen hat und allen Widernissen getrotzt: dieser Paulus schreibt in einem Brief, dass er fast am Leben verzagt wäre. Wir wissen es auch von anderen unstreitig großen unter den Christen, dass sie durch trockene Glaubenswüsten gehen mussten. Selbst Jesus hat den Weg durch die Wüste der Versuchung gehen müssen und ist keineswegs dem schlimmsten aller Schicksale - nämlich der Hinrichtung entgangen.

Das sage ich sehr mit Bedacht. Denn ich kenne Menschen, die unter dem Zwiespalt von Glaubensgloriole und Wirklichkeit fast zugrunde gegangen sind. Der Glauben entreißt uns nicht der alltäglichen Wirklichkeit.

Aber: Gott, der vom Tode errettet, der uns auch von solchem Tode erlöst hat, der wird uns hoffentlich auch weiter davon erlösen.

Glauben ist die immer neue Überwindung, nicht die endgültige Befreiung, nicht vollenden, sondern beginnen. Dazu hilft die Fürbitte anderer.

Gott ist kein Automat: Wir stecken unten viele Fürbitten hinein und er lässt dann viel Erbarmen niederregnen. Fürbitte ist zuerst Solidarität der Menschen untereinander, um die Not des Tages und des Seins formulieren und bedenken zu können. Fürbitte findet in dem Vertrauen statt, dass Gott seinen Geschöpfen zugetan ist und weiß, was sie brauchen. Es gibt Mut zur Überwindung, wenn wir wissen, dass andere Menschen unsere Not ansehen, so wie Gott sie angesehen hat.

Fürbitte ist dann Glaubenserinnerung im persönlichen Gespräch vor und mit Gott, der vom Tode errettet. Wer könnte sagen, dass er das nicht mehr brauche?

Gebet ist dann auch Dank für die Gaben und Möglichkeiten, die Gott Menschen gibt. Auch dies geschieht am besten für andere, damit der Beter nicht aus Versehen zum Pharisäer wird, der die eigenen (womöglich eingebildeten) Gaben auch vor Gott in den Mittelpunkt stellt und nur noch dafür dankt, dass er besser ist als der dahinten.

Schließlich ist Gebet Einübung ins Geschöpfsein, damit wir unser Vertrauen nicht auf uns selber setzen, sondern auf Gott. Damit schließt sich der Kreis. Das Vertrauen auf Gott setzen, setzt die Anerkennung der menschlichen Armut voraus. Wir haben nichts vorzuweisen aus uns selbst. Wir leben von den Gaben, die uns mitgegeben sind und jeden Tag gegeben werden. Die können wir entfalten. Wie schwer das werden kann, demonstriert die Geschichte vom so genannten reichen Jüngling. Er fragte Jesus: Was muss ich tun?... Ich habe alle Gebote gehalten. Er vertraute seinen Fähigkeiten. "Verkaufe alles, was du hast und gib's den Armen". Er sollte seine Sicherheit aufgeben, um die Gaben Gottes auch spüren zu können und sie neu zu empfangen. Diese Art von Tod wollte er nicht mitmachen und ging betrübt weg.

Täglich gilt es, das eingebildete Vertrauen auf die eigene Leistung vor Gott loszulassen und dadurch Hoffnung auf die Zuwendung Gottes zu gewinnen. Dazu aber brauchen wir die Gemeinschaft der Glaubenden.

Die verhärteten Stellen, die nicht mehr schmerzen, weil wir sie kaltgestellt haben. Oder gerade die empfindlichen Stellen, die keiner sehen soll? Die Punkte, an denen wir den Glauben an eine Besserung aufgegeben haben? Und niemand soll glauben, das käme erst mit dem höheren Lebensalter! Von vielen Kindern habe ich gehört: Ich kann dies nicht und das nicht, ich bin ungeschickt, dümmer als die anderen .... Von klein auf werden wir weggestellt, wenn es irgendjemand passt! Und dann sitzen die Gräben in uns fest! All das überwindet der Glaube.

Dein Glaube hat dir geholfen!

Die Heilung der zehn Aussätzigen

Lukas 17, 11 – 19

<u>11</u> *Und es begab sich, als er nach Jerusalem wanderte, dass er durch das Gebiet zwischen Samarien und Galiläa zog.*

<u>12</u> *Und als er in ein Dorf kam, begegneten ihm zehn aussätzige Männer; die standen von ferne*

<u>13</u> *und erhoben ihre Stimme und sprachen: Jesus, lieber Meister, erbarme dich unser!*

<u>14</u> *Und da er sie sah, sprach er zu ihnen: Geht hin und zeigt euch den Priestern! Und es geschah, als sie hingingen, da wurden sie rein.*

<u>15</u> *Einer aber unter ihnen, als er sah, dass er gesund geworden war, kehrte er um und pries Gott mit lauter Stimme*

<u>16</u> *und fiel nieder auf sein Angesicht zu Jesu Füßen und dankte ihm. Und das war ein Samariter.*

<u>17</u> *Jesus aber antwortete und sprach: Sind nicht die zehn rein geworden? Wo sind aber die neun?*

<u>18</u> *Hat sich sonst keiner gefunden, der wieder umkehrte, um Gott die Ehre zu geben, als nur dieser Fremde?*

<u>19</u> *Und er sprach zu ihm: Steh auf, geh hin; dein Glaube hat dir geholfen.*

Tolle Sache - hier werden gleich zehn auf einmal geheilt. Wenn das kein großer Beweis ist. Außerdem ist es eine Fernheilung. Kein Körperkontakt, keine Zeremonie, keine Frage, keine Sündenvergebung, außerdem keine Zuschauer, kein Chorschluss... und wieder ein Samariter, der dankbar ist"...

... von ferne...

Doch das wichtigste: die zehn Männer standen von ferne. Sie sind nicht unter den Menschen, sondern unter sich und isoliert. Und genau darin gehen sie mit uns heute überein. Auch heute gibt es Aussätzige genug. Menschen, mit denen niemand etwas zu tun haben will. Wo tun sich Gräben zwischen den Menschen auf? Man braucht nicht weit zu gehen, um fündig zu werden. Behinderte, Arme, Schwache, suchtkranke Menschen, auch chronisch kranke Menschen, solche mit anderer politischer Meinung, Menschen, die gegen das Gesetz verstoßen haben. Ihnen geht es nicht viel anders als den Aussät-

zigen damals. Sie stehen von ferne. Zu ihrer Betreuung wird ein großes Heer von Sozialarbeitern, Schwestern, Pflegern, Ärzten, Sachbe-
arbeitern extra ausgebildet. Auch wer alt ist und gepflegt werden
muss, steht meistens von ferne. Und die Menschen, die sie pflegen,
gleich mit. Wer versucht, über die Trennungslinie hinwegzukommen,
der wird erleben, dass Menschen, die lange aus der Gesellschaft aus-
gegliedert sind, sich einen Panzer gegen Enttäuschungen zugelegt
haben. Sie erwarten gar nichts mehr und scheinen auch nicht mehr
zugänglich. Allenfalls können sie von ihrer Enttäuschung und manchmal auch Wut berichten und erzählen. Da kommt heraus, dass die
Gesunden, die Kinder, die Freundinnen und Freunde von
her - Ausnahmen bestätigen nur die Regel - sich nicht mehr kümmern. Das Leben besteht noch darin, über diesen Zustand zu klagen
und die Welt für schlecht zu halten.

Wer also auf der anderen Seite gelandet ist, gibt sich oft mit seinem
Schicksal im Abseits scheinbar ab. Aber ist das wirklich so?

Haben wir nicht in uns auch unsere Gräben, unseren Anteil am Abseits. Die Menschen im Abseits, die von ferne stehen, zeigen wie
durch ein Vergrößerungsglas die eine Seite des Menschseins: Abgestoßen, fern, unverstanden,

Nicht nur unter Menschen erleben wir das.

Die Gläubigen aller Jahrhunderte haben auch von der Gottesferne
gesprochen. Sie erlebten Phasen, in denen ihnen Gott so ferne schien
und sie sich deshalb so verlassen vorkamen, wie abgeschnitten von
den Quellen des Lebens. Eine Krankheit gibt es, die den Menschen
von den Quellen des Lebens abschneidet: die Depression. Da steht
die Seele ferne vom Körper. Als gäbe es keine Verbindung.

Erbarme dich unser!

Abgeschnitten: Sie standen von ferne. Aber sie taten etwas. Warum
sie es konnten, weiß kein Mensch. Vielleicht war der Ruf Jesu schon
verbreitet worden auch über die Gräben zu den Aussätzigen hinüber.
Sie machten sich bemerkbar mit einem ganz irren Spruch: Erbarme
dich unser! Sie wussten eigentlich ja ganz genau, dass es keine Heilung gab. So realistisch waren die Menschen damals auch. Deshalb
wurden die Aussätzigen ja ausgeschlossen.

Sie erhoben ihre Stimmen. Erbarme dich unser! Das ist schwierig!
Bevor man das tun kann, muss ja die Scheu überwunden sein, als
hilfloser Mensch dazustehen! Die Männer gebärden sich nicht als
überlegene Menschen, die ein Recht haben auf Hilfe und Heilung, die

ihr Schicksal nun in die Hand nehmen. Sie scheuen sich nicht mehr, sich hilflos hilfesuchend an Jesus zu wenden, wenn auch von ferne. Sie haben offenbar einen Graben in sich selbst überwunden!

Die 10 Männer machen sich in ihrer ganzen Hilflosigkeit bemerkbar. Und welch ein Wunder, sie werden gesund. Im Umgang mit Menschen in Lebenskrisen kann sich ein solches Wunder auch heute ereignen. Wenn Menschen es wagen, sich ihrer Hilflosigkeit bewusst zu werden und sich einem anderen anzuvertrauen, beginnt manchmal so etwas wie ein neues Leben.

Bis es aber so weit kommt, steht alles im Wege, was wir gelernt haben: „Man setzt sich durch, man ist rechtschaffen und löst alle seine Probleme, man hat ein ordentliches Leben, man irrt sich nie oder fast nie, man sollte immer auf der Höhe des Geschehens sein und keine Schwäche zeigen." Das Leitbild ist der Mensch, der alles, was auf ihn zukommt, managt, der überall dabei ist und keine Müdigkeit zeigt.

Selbst in den Kirchengemeinden gilt im Grunde dieses Leitbild. Immer die Fahne hochhalten, in action sein und ja nicht müde oder ausgeblutet erscheinen. Die Müdigkeiten unserer Seele versuchen wir wegzudrücken oder auch wegzubeten oder einfach darüber hinwegzugehen.

Erbarme dich unser!

Die Männer in der Geschichte mussten schon zunächst ihre eigene Hilflosigkeit wahrgenommen haben, um sich auf diese Art bemerkbar machen zu können. Und sie mussten den Mut haben, die Hilflosigkeit in Worte umzusetzen. Sie mussten sich in der Not ihrer Krankheit nun auch noch den Abgründen ihrer Seele zuwenden.

Die Hilflosigkeit ging soweit, dass sie Jesus nichts bieten konnten. Keine Krankenkasse, die die Kosten bezahlt, kein Angebot: Wenn du uns hilfst, dann geben wir jeden Sabbat in den Tempel oder: Wenn du hilfst, glauben wir auch an dich!... Oder vielleicht: Wir versprechen, jeden Tag ganz lange zu beten... Ein Angebot konnten sie einfach nicht machen! Der Marktwert war gleich null.

Das Verhalten dieser Männer erklärt uns die Absicht eines Teiles unseres Gottesdienstes. Das Kyrie eleison: Herr erbarme dich! das heißt nichts weiter: Wir haben dir nichts anzubieten. Wir kommen in unserer ganz schlichten und sterblichen, ja fast hilflosen Menschlichkeit. Wir machen uns bei dir bemerkbar, aber wir haben nichts zum Tausch anzubieten.

Die Geschichte vom Gebet des Pharisäers und des Zöllners im Tempel erklärt das noch weiter: Der Pharisäer dankt Gott dafür, dass er fromm sein kann, der Zöllner sagt nur: Sei mir Sünder gnädig!

Sollte sich da vielleicht der alte Spruch bewahrheiten, der da sagt: Not lehrt beten!? Das glaube ich durchaus nicht! In Wirklichkeit stellen die kranken Männer nur die Situation des Menschen ganz allgemein und vor Gott dar. Vor Gott haben wir nichts vorzuweisen und vor den Menschen auch nur, solange es gut geht! Wir erleben es ja am eigenen Leibe und im eigenen Leben: Was heute als anerkennenswertes Verdienst gilt, hält nicht lange vor. Die Nachkommenden wissen nichts mehr davon und wer sich auf seinen Verdiensten ausruhen will, spürt irgendwann: die anderen sind weitergegangen. Eine sehr schmerzliche Erkenntnis!

Herr, erbarme dich unser!

Sie sagen das, obwohl sie genau wissen, dass ein Mensch sich ihrer nicht erbarmen wird, weil er Angst hat, sich anzustecken! Jesus, der uns den neuen Glauben vom gnädigen und barmherzigen Gott gebracht hat, er hat selbst Anteil an dieser alle Grenzen überwindenden Güte. Und so werden die Männer, die sich fast wider besseres Wissen an ihn gewandt haben, gesund. Genau das, was wir immer fürchten, nämlich die Hilflosigkeit vor den Menschen und vor Gott, genau das ist der Anstoß für die Heilung des Lebens.

War es vielleicht doch keine richtige Heilung?

Ein einziger kehrt um und dankt Gott für die Heilung! Bitte jetzt nicht ins moralisch - spießbürgerliche Denken verfallen! Das steht dem Glaubenden, der an die Barmherzigkeit Gottes glaubt, nicht an! Die neun sind keine bösen Kinder, die nicht einmal danke sagen, wenn sie wider Erwarten doch etwas geschenkt bekommen haben. Sie sind Menschen wie wir. Wenn etwas Unerwartetes geschieht, dann haben wir es ja doch schon irgendwie gewusst. Die Hilflosigkeit stecken wir ganz schnell weg, sobald wir den Kopf wieder aus der Schlinge gezogen haben. "Das ist noch einmal gut gegangen..." heißt die allzumenschliche Antwort auf solche Wunder!

Doch der eine, der zurückkommt, der hat offenbar von Grund auf gemerkt, dass er sich nichts vormachen kann und anderen auch nicht.

Es war ein Samariter, einer, der nicht den „rechten Glauben" hatte.... Sollte das Bewusstsein, den richtigen Glauben zu haben, den Menschen etwa hindern, seine Armut vor Gott und als Mensch zu erkennen? Der Glaube ist ja doch immerhin etwas, was man in der Hand hat und Gott ein bisschen dazu! Anders kann es nicht gemeint sein!

Nur, wer seine Situation als Mensch wirklich wahrnimmt, die Gräben in und um uns, die Zerbrechlichkeit des Friedens und der Menschlichkeit, das Angewiesensein auf die unverdiente Barmherzigkeit anderer Menschen und dadurch Gottes, nur der kann auch annehmen, dass er sich nicht anderen etwas vorausverdient hat. Das ist der Glauben, den diese Geschichte uns lehrt.

Nur mit diesem Glauben sind wir in der Lage, menschlich miteinander auf dieser Welt umzugehen und die dauernd drohende Ansicht zu bekämpfen, einzelne, ganze Gruppen und Völker würden zu Recht ausgesondert und unterdrückt, oder sie seien Menschen minderen Rechts.

Dein Glaube hat dir geholfen!

Es war seine Art des Glaubens, die ihm auch nach dem Gesundwerden die Hilflosigkeit noch ließ, die ihn nicht nur gesund machte, sondern ihm half, Mensch zu sein! Falls Sie das ewige Leben vermisst haben in dieser Predigt und fragen, warum der Unterschied von Heilung und Heil nicht herausgestellt wurde, muss ich noch einmal wiederholen: Nicht dem Menschen, der meinte, den richtigen Glauben zu haben, wurde geholfen, sondern dem, der sich nichts auf seine Heilung einbildete. Dieser eine ist das Beispiel, was mit den anderen neun geschah, weiß niemand - doch auch sie sind Beispiele. Das Heil definieren, nützt wenig. Sich Gott anvertrauen, heilt!

Abschiebungshaft, Leitsymptom einer verfehlten Asylpolitik – eine andere Art der Reisevermittlung

„Wenn ich in zehn Tagen nicht aus dem Gefängnis entlassen bin, schneide ich mir einen Finger ab. Mir macht das nichts aus!" Mit dieser Drohung unterstreicht Sergei[2] seinen bereits zehn Tage andauernden Hungerstreik. Seine Frau lebt mit den beiden Kindern im Asylaufnahmelager der Stadt, in der sie zum ersten Mal Asyl beantragt hatten. Die Entfernung beträgt rund sechshundert Kilometer. Sergei war Sowjetsoldat. Bei der „Abwicklung" der Sowjetarmee in Deutschland hatte er in der in Auflösung begriffenen Befehlsstruktur auf Anweisung bei einigen nicht ganz sauberen Handlungen mitgemacht. In Rußland wird er seither von der Militärgerichtsbarkeit gesucht. Nach seiner ersten Abschiebung hatten sie ihn zu zehn Jahren Militärhaft verurteilt. Nach zwei Jahren Haft ist ihm die Flucht aus dem Militärgefängnis gelungen. In Deutschland fand er seine Frau und das erste Kind wieder. Sie versuchten, in der Schweiz unterzukommen.

Bis zur Ablehnung ihres Asylantrages dauerte es ein knappes Jahr. Die Schweiz schob Sergei mit Frau und Kind nach Deutschland zurück. Hier beantragten sie erneut Asyl. Die Ablehnung nahm wieder einige Monate in Anspruch. 'Offensichtlich unbegründet' war sie offenbar nicht, unbegründet aber schon. 'Die Verfolgung durch ein russisches Militärgericht ist rechtlich, nicht politisch begründet', heißt es im Ablehnungsbescheid. Inzwischen hatten Sergei und seine Frau das zweite Kind bekommen.

In Altenburg konnte Sergei durch fleißige 'Schwarzarbeit' ein wenig Geld verdienen. Dann lernten sie einen Mann kennen, der für fünfhundert Mark Hilfe anbot. Sie bekamen dafür den „Tip", sich in den Zug nach Kopenhagen zu setzen.

In Dänemark aber wartete niemand, sie wandten sich an die Polizei. Trotz gültiger sowjetischer Pässe übergaben die dänischen Behörden sie am nächsten Tag dem Grenzschutz in Ellund. Von da an trennten sich die Wege.

Sergei setzt sein Ultimatum für folgende Forderungen: Abschiebung nicht nach Moskau, sondern nach Georgien oder Armenien. Abschie-

---

[2] Namen und andere Merkmale sind geändert.

bung nur als Familie. „Ultimatum, das muß machen, sonst die nichts tun!"

Die Leute, die ihn jetzt bewachen müssen, können gar nichts für ihn tun. Die Abschiebungshaft ist reiner Vollzug ohne jegliche weitere Kompetenz. Die Vollzugsanstalten bekommen die Menschen, nicht aber ihre Lebensgeschichte, nicht einmal eine Akte. Der Justizminister leistet so Amtshilfe für den eigentlich zuständigen Innenminister.

Sergei steht mehreren Ämtern gegenüber. Die Haft hat eine Kreisausländerbehörde in Amtshilfe für eine andere beantragt. Das Landesamt für Ausländerangelegenheiten koordiniert und plant die Abschiebung. Die JVA schließt ihn ein. Obwohl er Deutschland schon etwas kennt, fällt ihm die Differenzierung schwer. Daß immer gerade für das, was er möchte, jemand anders zuständig ist, muß er als Ablehnung verstehen. Nicht einmal die Kontakte zu amnesty international bringen in seinem Fall Erleichterung. Ihm fehlt die Eindeutigkeit einer politischen Verfolgungssituation. In einem Kirchenasyl könnte man sich Sergei auch nicht vorstellen.

Was sich immerhin feststellen läßt: Sergei hat ein gültiges Ausweispapier aus der nicht mehr existierenden Sowjetunion mit dem Zuordnungseintrag Armenien, bei seiner Frau ist es Georgien. Die Kinder sind nirgendwo eingetragen. Sie sind in Deutschland geboren.

Nahezu drei Monate Abschiebungshaft sind vergangen. In der Haft hat Sergei Arbeit bekommen. So kann er sich ein wenig Taschengeld verdienen. Sein „Chef", einer der Werkbeamten der JVA, lobt ihn ausdrücklich als fleißigen und freundlichen Arbeiter. Die Arbeit hat er dem Kursus „Deutsch für Ausländer" vorgezogen. Zweimal konnte er mit seiner Frau telefonieren. Der Gerichtstermin für die Verlängerung der Abschiebungshaft rückt näher.

Die Richterin im Flensburger Amtsgericht nimmt sich Zeit und läßt sich von Sergei alles vortragen, was wir besprochen haben. Die begleitenden Polizeibeamten sind unruhig, weil sie dem Abschiebungshäftling für die Zeit der Verhandlung die Fesselung abnehmen mußten. Nach einer ganzen Stunde Verhandlung und Beratung verkündet die Haftrichterin weitere drei Monate Abschiebungshaft. Sergei hat schon mehrmals die Ausreise versprochen, lautet die Begründung. Die Beamten beeilen sich, die Handschellen wieder anzulegen. „Ein armer Kerl", sagt der Dolmetscher, der gar nicht gebraucht wurde.

Die Botschaften sind sich auch vier Monate nach der Inhaftierung noch nicht einig, wer die Familie von Sergei aufnimmt. Statt der Abschiebung aber geht Sergei plötzlich „auf Transport", wie das in der Gefängnissprache heißt. Er wird in ein Gefängnis in der Nähe seiner Familie gebracht. Nebenbei bemerkt: Ein Tag im Gefängnis kostet den deutschen Steuerzahler einhundertachtzig Mark.

Seit dem Sommer 1997 steigt die Zahl der Abschiebungshäftlinge wieder an, nachdem sie seit einem Höhepunkt im Winter 1994 langsam auf das Niveau kurz vor dem Asylkompromiß zurückgegangen war. Dennoch wurden auch auf diesem Tiefstand über zweitausend Gefängnisplätze (rund drei Prozent von knapp siebzigtausend) vorgehalten und auch benötigt. Bis zu acht Prozent der Haftplätze waren es nach dem Asylkompromiß. Den Justizvollzugsanstalten und den meisten ihrer Bediensteten widerstrebt Abschiebungshaft. Der eine und andere Beamter hat auch schon mal gesagt: „Da ist man ja nur noch der Büttel eines Amtes." Der Abschiebungshäftling sitzt entweder unter anderen Abschiebungshäftlingen aus verschiedensten Ländern oder mitten unter den Strafgefangenen, verurteilt wegen mehr oder weniger schwerer Straftaten. Wenn einer dann wie Moses aus Ghana die Verlängerung von zwölf auf fünfzehn Monate bekommt, denkt er schon 'mal laut nach, warum seine „Strafe" länger ist als die von seinem Zellennachbarn. Der hat nämlich eine Haftstrafe von einem Jahr und acht Monaten wegen vieler Einbrüche und wird vorzeitig entlassen.

Selbst in einem Land mit nur vier Prozent Ausländeranteil wie Schleswig-Holstein bekommen es die Gefängnisse mit Abschiebungshäftlingen aus nahezu allen Ländern der Erde zu tun. Sprachliche Probleme stellen sich wie von selber ein. Findet sich unter Bediensteten und Gefangenen noch jemand, der Spanisch oder Russisch versteht, so ist die normale Verständigung mit Menschen aus dem Fernen Osten fast unmöglich. Wie erklärt man jemandem ohne differenzierte Sprachkenntnisse, daß er im Knast sitzt, aber kein Straftäter ist?

Erfahrene deutsche Gefangene haben ihr Urteil über die Abschiebungshaft längst gefällt: „Fängt das denn schon wieder an, daß in Deutschland die Leute eingesperrt werden, ohne daß sie überhaupt was verbrochen haben?" Und ein juristisch und politisch versierter Gefangener erklärt seinem weniger kenntnisreichen Nachbarn beim Kirchenkaffee: „Das mußt Du so sehen: Es geht hierbei nicht um Ausländer. Die wollen mal an den Schwächsten ausprobieren, was sie alles mit uns so machen können. Am Ende nehmen sie Dir alle Rechte!"

Die durchschnittliche Dauer der Abschiebungshaft beträgt rund fünf Wochen. Die Statistik trügt. Da schlägt der Pole, der nach zwei Tagen Haft zum dritten Mal zur Abschiebung in den Bus gesetzt wird, ebenso zu Buche wie der Mann aus Liberia, der nach achtzehn Monaten Haft entlassen werden mußte, weil es nicht gelungen war, ihm Papiere zu beschaffen. Immerhin sieben oder acht von hundert Abschiebungshäftlingen werden nach Wochen oder Monaten sang- und klanglos wieder entlassen.

Im Bewusstsein der Bevölkerung, hat die EKD schon vor zwei Jahren verlautbart, werden so Ausländer kriminalisiert: „Wer wie viele Abschiebungshäftlinge im Morgengrauen verhaftet und abgeführt wird, muß doch schließlich ein Verbrecher sein", so denken viele. Als einer der gefangenen Makedonier in seiner Botschaft anrief, um nachzufragen, warum die Bearbeitung seiner Papiere schon vier Monate dauert, hieß: „Da sind noch mindestens tausend vorher dran" und: „Warum sitzt Du denn so lange im Gefängnis? Was hast du verbrochen, nun mal raus mit der Sprache!" Viele Botschaften arbeiten daran, Straftäter oder andere ihnen irgendwie unangenehme Menschen nicht wieder 'nach Hause' zu nehmen.

„Hätten Sie Ihre Papiere, Sie wären nicht hier!", lautet immer wieder das Argument in der Sprechstunde beim Ausländeramt. Viele vernichten auf Anraten von „guten Bekannten" Identitätspapiere, um sich vor Abschiebung zu schützen. Meistens kostet dieser „gute Rat" sogar noch Geld. Mit einem zweiten Antrag auf Asyl unter anderem Namen verderben sie sich jede Chance, in Deutschland ernsthaft geprüft zu werden. Manche haben sich sogenannten Schleppern anvertraut und dafür eine Menge Geld bezahlt, das sich die Familie vom Munde absparte.

In Nigeria wird Jonathan ein Taxiunternehmen gründen, wie er es früher schon hatte. Er ist bereit zurückzukehren, nachdem er gesehen hat, daß nicht einmal seine deutsche Verlobte mit ihren beiden Kindern ihm die Möglichkeit eröffnen können, hier zu bleiben. Wahrscheinlich werden sie in Nigeria heiraten und dann den Antrag auf Einreise stellen. Er ärgert sich über sich und seinen zweiten Asylantrag, der ihm jetzt die Probleme bei der Rückreise bereitet, und ist sehr kooperativ mit den Behörden. Dennoch dauert die Haft neun Wochen.

Die Probleme in vielen Teilen der Welt lassen sich nicht in deutsche Gefängnisse sperren. Und eine 'Abschreckung' ist das nur für wenige.

Als Moses aus der Abschiebungshaft nach sechzehn Monaten entlassen wurde, fehlte nicht viel und er hätte geweint. „Hier habe ich", sagte er mit den in der Haft erworbenen Deutschkenntnissen, „ein Zimmer für mich (die sieben Quadratmeter große Zelle), hier sind Menschen, mit denen ich mich unterhalten kann. Das Essen wird mir sogar gebracht. Jeden Tag kann ich meiner geregelten Arbeit nachgehen. Keiner verfolgt mich!" Die Botschaften von zwei afrikanischen Ländern hatte Moses mitsamt den Polizisten, die ihn in Bonn vorführen sollten, gar nicht erst durch die Tür gelassen. Ein Bediensteter kam heraus und sagte: „Der gehört nicht zu uns!"

Nicht etwa das gewünschte Fremdbild des „starken Staates" resultiert aus der Abschiebungshaft, sondern viel mehr das Bild einer bürokratisch verzerrten Verwahrlosung. Freiheitsentzug ist das letzte Mittel, das unser Strafrecht anwendet und nur dann, wenn wirklich keine andere Maßnahme mehr erfolgversprechend erscheint. Die deutschen Gefängnisse sind voll von Männern, die ihre Geldstrafen nicht bezahlen können und auch nicht abarbeiten wollen, von Süchtigen, alkoholisierten Autofahrern ohne Führerschein und hartnäckigen Wiederholungstätern aus dem Alltagstraftatenbereich. Unerlaubter Aufenthalt und unerlaubtes Herumreisen im Land mit nichtdeutscher Staatsangehörigkeit kommt als allmählich sich verfestigender Tatbestand hinzu.

Die Abschiebungshaft hat sich zum Leitsymptom einer verfehlten Politik entwickelt. Erfahrungen mit den Menschen in der Abschiebungshaft verlangen nach der gründlichen Neuordnung des gesamten Verfahrens. Wenn wir schon nicht im Stande sind, das aus der Diktatur- und Kriegserfahrung gewonnene großzügige Asylrecht unserer Grundgesetzmütter und -väter durchzuhalten, dann wäre es doch vielleicht möglich, konzentriertere Formen des Umgangs mit Flüchtlingen oder „Glückssuchern" aus anderen Ländern zu gewinnen. Zumindest ein bleibender Ansprechpartner sollte vom ersten Tag an zuständig sein, damit die sinnlose Umherschieberei von ganzen Familien aufhört. Es geht nicht, daß Menschen in Deutschland jahrelang leben oder umherirren, um dann in ein Land zurückgebracht zu werden, das sie kaum mehr kennen. Die Abschiebung selbst bleibt vor allem in Richtung Osteuropa ohnehin eine stumpfe Waffe. Wieso kämen sonst Fälle vor, und das sind nicht wenige, in denen für einen Menschen die dritte, vierte Abschiebung ansteht?

Zwar kann man nicht generell behaupten, die ehemals rechtsradikale Parole „Deutschland den Deutschen, Ausländer raus!" sei zur alltäglichen Verwaltungsroutine geworden. Aber die Politik tut alles, um den Eindruck zu verstärken, diese Parole durch Erfüllung aus der Welt zu schaffen, sei ihr eigentliches Ziel gewesen. Wenn man bedenkt, welche Anstrengungen Menschen unternehmen, wieviel Geld sie für ein gefälschtes Visum hinzulegen bereit sind, um in ein Land mit über vier Millionen Arbeitslosen zu kommen, in dem sie alles andere als erwünscht sind - welche Erfahrungen machen sie dann wohl in ihren Heimatländern?

Allen wirklich gutmeinenden Flüchtlingsarbeiterinnen und Flüchtlingsarbeitern sei jedoch gesagt: Die 'Abschiebungshaft zu verbessern', liegt in niemandes Interesse. Noch so viele Dolmetscher und Seelenbetreuer lösen nicht das Kernproblem. Sie können bestenfalls vertrösten. Mit diesem Unsinn muß politisch Schluß gemacht werden. Daß die Parteien nicht wüßten, wie es in der Abschiebungshaft zugeht und was sie bedeutet, das können sie mit Fug und Recht nicht behaupten. Inzwischen gibt es einiges an informierenden Schriften und Dokumentationen. Eine ganze Reihe von kleinen Anfragen in den Parlamenten hat die Situation aufgehellt.

Der Skandal liegt in der Alltagsroutine, mit der bei uns Abschiebungshaft zur Lösung des „Fremdenproblems" angeordnet wird. Die Humanitätsbekundungen und Menschenrechtsillusionen kommen in vielen kleinen Alltagen zu Fall. „Latent" ist Fremdenfeindlichkeit nicht. Sie ist bis zur Unkenntlichkeit in den Alltag verwobene amtliche Realität, täglicher rechtsstaatlicher und verwaltungstechnischer Querschuß gegen die einfachsten Formen allgemeiner Menschlichkeit. Seit dem Asylkompromiß läuft die 'große demokratische Mehrheit im Rechtsstaat' der päpstlichen Unfehlbarkeitsdoktrin den Rang ab.

Formalisierte Rechtsvorschriften, die keiner versteht und kaum einer anwenden kann, hindern Ämter und Gerichte an klaren Entscheidungen. Die schlichte Gnadenentscheidung wäre rechtswidrig, wenn nicht strafbar. Wehe, der mutigen Beamtin aus einer deutschen Kreisstadt könnte nachgewiesen werden, daß sie zu mir gesagt hat: „Ich lege die Akte ganz unten in meinen Schreibtisch. Da findet sie niemand. Wenn Sie zusammen mit Herrn Singh alles geregelt haben, kann ich sie wieder vornehmen und die Entlassung aus der Haft beantragen. Bis dahin passiert nichts!"

Zwei Jahre lebte und arbeitete der Rumäne George in einem kleinen holsteinischen Dorf. Seine Freundin und er haben zusammen ein

Kind. Sie ist waschechte Holsteinerin. Die Familie ist seit Generationen hier ansässig. Seit langer Zeit betreiben sie die Vorbereitungen zur Hochzeit. Sie war schon in Rumänien, kennt seine Familie. Auf dem Amt holten sie die notwendigen Papiere. In Deutschland dauerte das Verfahren der Eheschließung so lange, daß die Papiere erneuert werden mußten. Scheinehevorwürfe und vor allem die beim Verwaltungsgericht vorzulegende Ledigkeitsbescheinigung ist in solchen Fällen das Problem. Mit der Aufenthaltsberechtigung gab es Schwierigkeiten, seit George nach der Ablehnung seines Asylantrages nach Hause gefahren war. Wer nämlich zurückreist, stellt unter Beweis, daß er nicht verfolgt wird. Wird er ja auch nicht. Die zwei Jahre lebte er also „illegal" in Deutschland. Abschiebungshaft war nach der „Entdeckung" bei einer Kontrolle im Betrieb die logische(?) Folge. Jetzt sollte er nachweisen, daß die Hochzeit „unmittelbar bevorsteht". Das bedeutet nach inoffizieller Regelung ungefähr einen Zeitraum von zwei Wochen. Nur die Bereitschaft des Gemeindepastors seines Dorfes, Tag und Nacht zwischen Gefängnispfarramt, Ausländeramt, Landrat, Innenministerium und Härtefallkommission hin und her zu telefonieren, führte dazu, daß schließlich der Landrat entschied, die Abschiebung auszusetzen. Nach einer Woche rund um die Uhr Bemühung traf um zweiundzwanzig Uhr das Fax im Gefängnis ein, das die auf zwei Uhr des Folgetages angeordnete Abholung zur Abschiebung verhinderte. Statt um ein Uhr aufzustehen, konnte George weiterschlafen und am kommenden Morgen mit seinem Rucksack nach Hause zu Frau und Kind fahren.

Das Gefängnis als Bereich der Menschlichkeit (1994)

Das Gefängnis ist ein sensibler Bereich. Nach einem Gespräch mit der Kirchenleitung ging durch die Presse, wir Seelsorger hätten die Zustände im Strafvollzug heftig kritisiert. Und wir wurden aufgefordert, sozusagen "Belege" für unsere Äußerungen vorzulegen.

Da wird offenbar auf zwei verschiedenen Ebenen verhandelt. Der Blickwinkel der Seelsorge schärft sich in vielen einzelnen Kontakten und Beobachtungen. In Betrachtung der Geschichte des Menschen im Gefängnis lässt es sich nicht anders sagen, als dass sich schon beim einzelnen viele misslungene Beziehungen und Beziehungsabbrüche aufhäufen. Durch die Anhäufung von Erfahrungen des Scheiterns eingefahrener Wege und der Versuche, neue Richtungen einzuschlagen, stellen Gefängnisse ein soziales Konfliktfeld erster Güte dar.

> Männer werden müde und matt; Jünglinge straucheln und fallen. Die aber auf den Herrn harren, kriegen neue Kraft, dass sie auffahren mit Flügeln wie Adler, dass sie laufen und nicht matt werden.
>
> **(Jesaja 40, 30f.)**

Es handelt sich nicht um gerichtsfeste Äußerungen, wenn wir darauf hinweisen, dass gerade an einem solchen Brennpunkt der Verlust von Menschlichkeit besonders hartnäckig droht. Schon häufiger habe ich von altgedienten und erfahrenen Menschen hier im Haus gehört, man müsse bestimmte raue, grobe oder harte Verhaltensweisen verstehen, denn das Einsperren von Menschen widerspreche ihrer Natur.

Wir reden also auch hier von uns, von uns Menschen. Zwischen Tätern, Opfern, der Gesellschaft und ihren Organen zur Herstellung des Rechtsfriedens und zur Schaffung neuer Möglichkeiten für Menschen, die verurteilt wurden, besteht ja ein innerer Zusammenhang. Allerdings sieht der nicht so einfach aus, dass die Täter nun Opfer wären.

Das Gefängnis erfreut sich hoher Aufmerksamkeit, weil so genanntes Fehlverhalten eine allgemein menschliche Erscheinung darstellt. Immer wieder kleidet es sich in ein neues Gewand. Die Gründe dafür werden verschieden definiert. Mal ist es das Böse, was sich da durchsetzt. Mal setzen sich die eigenen schlechten Erfahrungen in abweichenden Handlungen fort. Mal werden die Menschen, die gegen Gesetze gravierend verstoßen, als Opfer der Gesellschaft betrachtet. Mal stellen sie das Böse dar. Mancher hat schon in einem Gefängnis nach längerer Erfahrung fast beleidigt festgestellt, dass es sich da gewissermaßen um normale Menschen handelt, weil auch das große und schöpferische Verbrechen sich nicht so leicht verurteilen lässt. Vielleicht ist der Mensch die Ausnahme, der immer und jederzeit Gott und die Mitmenschen respektiert.

Einfach leben und leben lassen, reicht nicht aus, um das Fehlverhalten aus der Welt zu schaffen. Eher macht es müde. Auch Institutionen machen müde. Viel Zeit vergeht in der Verkleinerung der inneren Reibungsflächen. Das ist in einem Gefängnis nicht anders als in der Kirche, der Schule oder beim Staat. Mehr als in den anderen Institutionen scheint das Leben im Gefängnis ausdauerndes Krisenmanagement zu verlangen. "Die Leute sind so und die werden auch nicht anders!" "Hier im Gefängnis wird doch nur betrogen und ausgenutzt!" "Passen Sie mal auf, hier werden sie doch nur reingelegt!" Müde geworden im Glauben an den Neuanfang oder eingesargt in die eigene Weltsicht - das greift unter uns um sich wie eine Seuche.

Diese Seuche zersetzt die Seele und den Verstand. Wo keiner keinem traut, da wird das Leben zur "Hölle hinter Gittern". Die Zeitung schreibt von der Hölle hinter Gittern, um einen Mord an einem Gefangenen durch Mitgefangene zu erklären. Reicht es aber nicht schon aus, von der Hölle zu sprechen, wenn das Zusammenleben schließlich nur noch durch gegenseitiges Bewerfen mit Verordnungen geregelt werden kann, wenn ein Gefangener einen Mitgefangenen unter Druck setzt oder jeder immer schon weiß, was er vom anderen zu halten hat? Man merkt ganz schnell: Diese Art von Hölle spielt sich in einem Gefängnis nur auf engem Raum wie im Brennglas ab, sie ist auch anderswo zu finden.

Und da werden wir dann müde und matt, wenn nicht krank. Jeder und jede hofft nur noch, bestimmte Zeiten abzusitzen, endlich Feierabend zu haben oder umgibt sich mit Schutzmauern wie Härte und Gleichgültigkeit. Oft richten sich die Schutzmauern auch gegen die eigene Seele, in der ein Chaos von Gefühlen wie Angst, Wut, Trauer aber auch Mitleid und Sehnsucht nach einem neuen Leben brandet. Resignation auf allen Seiten ist nur die Oberfläche des abgewürgten seelischen Lebens.

Wir sagen heute natürlich: Menschen, nicht Männer werden müde und matt, auch und vielleicht gerade im jugendlichen Elan straucheln sie und fallen. In unserer Gesellschaft zeigt man vielerorts mit Fingern auf die, die fallen, statt ihnen aufzuhelfen. Das ist schlimmer als jede

Bestrafung durch ein Gericht. Wer heute in ein Gefängnis geht, kann sich ziemlich sicher sein, dass seine Straftat damit nicht getilgt werden kann. Er bleibt in den Listen und Computern, bleibt in seinen Kreisen und seinem Milieu oder gerät in einen Strudel nach unten. In den meisten Fällen kann er den Schaden, den er angerichtet hat, nicht einmal wieder gut machen. Und wenn die Straftat eine ständige Wiederholung kleinerer Delikte sein sollte, fangen die Schwierigkeiten mit dem Freiheitsentzug erst richtig an.

Nicht umsonst scheut sich heute jeder von oben bis unten, als Täter gekennzeichnet zu werden. Denn als guter Mensch gilt heute, wer lückenlos nachweisen kann, dass alle seine Lebensentscheidungen entweder richtig oder, wenn falsch, dann nicht von ihm selbst zu verantworten waren. Wer gut angesehen sein will, erweckt den Anschein, er könne gar nicht fallen. Die ganze Gesellschaft hängt atemlos an den Medien, die immer dann zur Stelle sind, wenn jemand vielleicht ein Täter von etwas Falschem sein könnte. Wer ins Visier genommen wird, weist nach, dass er nichts dafürkann. Schließlich hat ihm jemand anders eine falsche Information gegeben oder aus Versehen zu viel Geld gezahlt.

Ist nicht der wahre Mensch der, der alles unternimmt um aufzustehen, wenn er gefallen ist? Wir sollen wieder Täter in unserem eigenen Leben werden und mit Verantwortung an die nächsten Schritte gehen.

Wer kann uns Menschen den Wert und die Würde zusprechen, auf die wir uns berufen, wenn nicht Gott? Man muss es einfach mal probieren, wie das ist, auf Gott zu warten. Nicht verwechseln mit: die Hände in den Schoß legen! Darauf folgt nur das Sprichwort: Hoffen und Harren macht manchen zum Narren. Harren und Hoffen das ist wie eine Landebahn für Wunder schaffen. Wer nicht darauf hofft, dass der eine oder der andere oder wir alle irgendwann den richtigen Weg und den neuen Anfang finden, der wird sich selbst zum Gefängnis.

Oft geraten eben die eigenen Wege in Sackgassen. Dann hilft das Hinhören auf alte und tiefe Sehnsüchte und Erfahrungen tief in sich drin, die den Hoffnungen dieses Satzes entsprechen. Dass wir aufrecht gehen, wo die Wirklichkeit uns müde macht und zu Fall bringt. Dass wir einander aufhelfen, wenn es geht und uns aufhelfen lassen. Daraus wächst die Kraft, im Dschungel der Gefühle auf der einen und der Vorschriften auf der anderen Seite Wege zu gehen, in denen wohl

Recht gesprochen werden muss, aber auf denen man auch Menschen gerecht werden kann.

In diesem Haus wird ein Stück Menschlichkeit gerettet, wenn alle sich der Gratwanderungen der Menschlichkeit bewusst werden. Wirklich Kraft gewinnen aber lässt sich nur aus dem tiefen Glauben daran, dass wir alle bei unseren verschiedensten Erfahrungen gleich sind in unserem Dasein vor Gott.

Zu Königs Geburtstag, zur Hochzeit des Diktators und zu anderen Jahres- und Festtagen lassen die Gefeierten schon mal ein paar Gefangene frei. Wie wäre es, wenn man das auch auf den Geburtstag Jesu anwenden würde - jedenfalls auf seinen zweitausendsten? An der Idee gestrickt wurde bereits seit einiger Zeit in der Gefängnisseelsorge in Deutschland. Ausgerechnet einige Politiker der Grünen haben diese Idee jedoch kürzlich vernehmbar in die Öffentlichkeit gebracht. Es folgten harsche Reaktionen. Der Richterbund argumentierte, man könne Strafe nicht einfach erlassen. Sie seien oft die einzige Genugtuung von Kriminalitätsopfern. Politiker aller Parteien wiesen darauf hin, dass man in Deutschland nicht so leicht ins Gefängnis kommt. Wenn alle Strafen bis zu einem Jahr erlassen würden, könne das auch Gewalttäter und rechtsradikale Schläger treffen.

In Deutschland folgt die Rechtspflege heute anderen Leitlinien als in diktatorischen Regimen. Männer - Frauen stellen kaum fünf Prozent der Gefangenen - , die zu einer Freiheitsstrafe ohne Bewährung verurteilt werden, haben ganz andere Möglichkeiten des Gnadenerweises als eine generelle Amnestie. Sie sollen laut gesetzlichem Auftrag in den Gefängnissen zu einem Leben ohne kriminellen Anteil erzogen werden. Ihnen werden Ausgänge, Urlaubstage, Arbeit als Freigänger und vorzeitige Entlassung auf Bewährung angeboten. Möglichkeiten der Aus- und Fortbildung kommen hinzu. Nicht alle können das für sich nutzen. Einen Gnadenerweis kann jeder Justizminister eines Landes aussprechen. Um die Weihnachtszeit herum können bis zu zwei Monate Haft erlassen werden.

Mit der Amnestie anlässlich eines Jahrestages feiert ein Regime vor allem sich selbst. Der Herrscher bietet großzügige Gnade und hofft, durch seine Güte auch seine Gegner zu beeindrucken. Darin wird dann auch sichtbar, worauf sich Amnestien dieser Art gründen: Der unumschränkte Herrscher sperrt wohl auch Kriminelle ein. Besonders interessant war es jedoch zu vielen Zeiten unumschränkter Herren, seine vermeintlichen oder tatsächlichen politischen Gegner hinter Gitter zu bringen. Da schließt sich logisch die Freilassung aus gnädiger Herrscherlaune an. Wohl auch aus solchen Gründen entließ die ehemalige DDR zu jedem "Geburtstag" Häftlinge durch Gnadenerweis.

In unserem System hängen Gnadenerweise von vielen Faktoren ab. Sie werden nur persönlich zugesprochen, nachdem Fachleute Gutachten zur Person des oder der Betroffenen abgegeben haben. Dabei spielt die Entwicklung der Persönlichkeit und ihrer Beziehung zur Straftat und zur auferlegten Freiheitsentziehung eine wichtige Rolle. Bisweilen kommt eine neue Sichtweise durch neue gesellschaftliche Entwicklungen hinzu. Es kann auch Gnadenerweise geben, wenn jemand nach allgemeiner Auffassung durch das Justizsystem unbillig hart getroffen wurde.

Wenn eine Amnestie zum Jahre zweitausend ausgesprochen würde, müsste sie wohl auf dem Grundgedanken der Vergebung aufbauen. Weil durch Jesus die Sündenvergebung (Rechtfertigung) allein aus Gnade in die Welt kam, sollten Verurteilte allein aus Gnade als Zeichen der Vergebung die ihnen auferlegte Strafe erlassen bekommen. Lässt sich solche Gnade Betroffenen und Geschädigten sowie der ganzen Gesellschaft sinnvoll vermitteln?

Um das beurteilen zu können, ist es nötig, einen Blick auf die gesellschaftlichen Bedingungen zu werfen. Allgemein erscheint unsere Gesellschaft als eine, in der Gnade in keiner Weise zum Instrumentarium des gegenseitigen Umgangs gehört. Wer eine Strafe im Gefängnis verbüßt hat, erfährt nicht einmal nach der Entlassung irgendeine Form von Gnade. Wohin er auch kommt, seine Vergangenheit eilt ihm bereits voraus oder holt ihn ganz schnell ein. In den Akten und vor allem im Führungszeugnis existieren seine Urteile weiter. Während der Gefängniszeit konnten bei bestem Willen keine Wiedergutmachung geleistet oder gar Schulden getilgt werden. Wenn ein Polizist im Dienst einfach - aus gnädiger Stimmung oder aus Erbarmen - eine Verwarnung oder Anzeige unterlässt, kann er ganz schnell wegen Strafvereitelung seinerseits in die Mühlen der Justiz geraten. Wer öffentlich Fehler zugibt, kann möglicherweise auf "Gnade" hoffen, "weil jeder mal einen Fehler macht". Wem ein Fehler öffentlich nachgewiesen wird, kommt gnadenlos ins Abseits, selbst wenn er alles wieder gut macht. Wer illegal ins Land reist, um nach einer Abschiebung seine Frau und seine Kinder wieder zu sehen, darf nicht auf Gnade hoffen. Selbst Asyl ist keine Gnade sondern ein - mit vielen Abwehrgesetzen eingeschränktes - Recht.

In unserer Gesellschaft hat jeder seine (grundlegenden Menschen-) Rechte. Da braucht man offenbar keine Gnade mehr und erst recht keine Begnadigung. Gnade wurde durch Rechte ausdrücklich unnötig gemacht. Jede Frau, jeder Mann, jedes Kind, alle sollten nicht von (als herablassend empfundenen) Gnadenentscheidungen abhängig sein, sondern ihr Recht einfordern können. Vielleicht empfinden deshalb viele Menschen, die in Schwierigkeiten kommen, den Rechtsstaat als gnadenlos. Nur wenige Prozent der Bevölkerung können "ihr Recht" wirklich durchsetzen. Wenn es alle versuchten, wäre das Ergebnis der Zusammenbruch der Gerichtsbarkeit wegen Überlastung.

Die Idee mit der Amnestie 2000 trifft auf eine Gesellschaft, die Gnadenerweise möglicherweise sogar als "Gekungel" verdächtigt. Gerade deshalb sollte die Auseinandersetzung darüber heftig geführt werden. Wenn diese Gesellschaft an Amnestie, an Vergebung und Gnade denkt, kann sie es nicht tun, um sich selber zu feiern. Der Jahreswechsel ist kein Anlass dazu, zumal nicht etwa die bundesdeutsche Gesellschaft zweitausend Jahre alt wird. Ein wenig mehr Freiraum für Gnade in Erinnerung an die Rechtfertigung des Sünders wäre aber dringend nötig. Der Rechtsstaat tut nämlich manchmal so, als wäre er mindestens so unfehlbar wie der Papst. Auch der Rechtsstaat bleibt nur immerwährender Versuch, Recht unter den Menschen zu schaffen, und bedarf seinerseits der gnädigen Betrachtung, wenn man nicht über ihn in Verzweiflung geraten soll.

Seit Jesus steht die Fähigkeit menschlichen Richtens unüberhörbar in Frage. Deshalb sollte die Initiative dazu führen, sich grundlegend zu orientieren:

Wie kann der Sanktionenkatalog sinnvoller gestaltet werden? Wie müssen Justizvollzugsanstalten gestaltet werden, damit sie der Gesellschaft die Dienste erweisen können, die diese von ihnen zu Recht erwartet? Gibt es bessere Reaktionen auf schädigendes Verhalten als "Strafe"? Wie lässt sich das von allen Seiten akzeptierte Modell der "Wiedergutmachung" endlich entscheidend in den Mittelpunkt der Auseinandersetzung mit schädigendem Verhalten positionieren? Wie können Opfer von schädigendem Verhalten in den Blickpunkt des justitiellen Verfahrens gerückt werden?

Die beste Gesellschaft wird auf Dauer nicht ohne Gnade und Begnadigung auskommen. Wer einfach mal eine Amnestie machen möchte, nur um auch etwas Rechtspolitisches zum Jahr 2000 beizutragen, wird dem Anspruch der Vergebung „aus Gnade und Barmherzigkeit" nicht gerecht, besonders, wenn die Vorschläge so provinziell und kleinkariert daherkommen wie in den vorgelegten grünen Ideen. Jemand ein paar Monate Gefängnis zu erlassen, das wird der Idee der Vergebung nicht gerecht. Dem entspräche nur ein großer Wurf von Amnestie einschließlich Schuldenerlass und grundsätzlichem Neubeginn.

Gebet für rechtsradikale Mörder?

In Deutschland werden Menschen auf offener Straße halb und ganz totgeprügelt. In Dessau traf es einen Familienvater. Kleine Kinder wurden in Ludwigshafen Opfer von Brandsätzen. Die Reihe der Opfer ist lang. Wir haben uns angewöhnt, solche Vorgänge mit "fremdenfeindlicher Gewalt" zu bezeichnen, als wäre das etwas anderes als Mordversuch oder Mord.

Personen des öffentlichen Lebens rufen dazu auf, Zivilcourage und "Gesicht zu zeigen". In der Politik konzentriert sich die Diskussion auf das Für und Wider eines NPD-Verbots. (Heute -2020- tragen dieselben Herausforderungen die Namen AfD und Rassismus! Sie äußern sich in Mordanschlägen und Polizei-Chaträumen...) Wie schon vor Jahren suchen die Experten wieder nach Ursachen für die Anziehungskraft nationalistischen Gedankenguts. Mancher kann es nicht mehr hören. Und für manche ist es noch zu wenig.

Jedes Jahr veranstalten Kieler Bürgerinnen und Bürger mit dem Referat für Ausländerinnen und Ausländer Interkulturelle Wochen. Wir fliegen in nahezu alle Länder der Erde zum Urlaub oder aus geschäftlichem Anlass. Das Internet wird von vielen als weltweite Kontaktmöglichkeit genutzt. Wie kann da jemand im schlichten Alltag noch auf die Idee kommen, die Würde des Menschen ende an der Nationalität?

Für Christen war Nationalität ohnehin nie ein wichtiger Begriff. Der Glaube daran, dass Gott alle Menschen zur Umkehr einlädt, wird nicht durch Sprachen begrenzt. Das Problem ist nur, dass viele auch in unserer eigenen Sprache diese Einladung zur Nächstenliebe nicht hören und nicht verstehen können. Sie meinen gar, sie täten anderen einen Dienst, wenn sie Mitmenschen verachten, verfolgen und töten. Verbitterung, Angst, Isolation sowie eigene Demütigungs- und Verliererfahrungen sind oft die Ursache solcher "inneren Schwerhörigkeit", ja des seelischen Todes.

Auch unser staatliches Recht verbietet, Menschen aus welchem Anlass auch immer zu verachten, zu verletzen oder zu töten. Wie pervers und missachtet muss sich ein jugendlicher, junger oder überhaupt ein Mann in Deutschland fühlen, dass er seine Menschenverachtung gegen jede Form von Konvention, Moral und Gesetz brutal in die Tat umsetzt?

Auf diesen Abgrund von Frage lautet die christliche Antwort immer noch: "Segnet, die euch fluchen, tut wohl denen, die euch beleidigen und verfolgen..." (Mt. 6, 44). Die die Menschlichkeit unter uns verachten und zertreten, brauchen wohl jemand, der ihnen in den Arm fällt. Vor allem aber brauchen sie unsere Achtung gerade ihrer Menschenwürde und Verantwortlichkeit für das, was sie tun, und vielleicht – nein ganz sicher - unser Gebet!

Die Probleme irregulärer Migration bleiben ungelöst

(Die ausländerrechtlichen Novellen zur Zuwanderung sind im Sommer in Kraft getreten. In ausführlichen Verhandlungen haben die Länder und der Bund eine Bleiberechtsregelung für langjährig in Deutschland Geduldete geschaffen. Wer bis Ende 2009 Arbeit findet und damit seinen Lebensunterhalt selbst finanzieren kann, kann auf einen Aufenthaltstitel hoffen. Der Nachzug für Ehegatten wurde neu geregelt und nach Meinung der Kritiker unnötig erschwert, um das Problem der „gekauften Bräute" zu regulieren. Türkische Verbände fühlen sich gar diskriminiert. Das drängende Problem irregulärer Migration wurde erneut nicht gelöst, ja eigentlich noch nicht einmal als Problem wahrgenommen. Noch viel weniger sind einzelne individuelle Schicksale Gegenstand der Betrachtung oder gar des Handelns.)

In der Abschiebungshaft in Rendsburg befand sich ein Mann, der eine fast unglaubliche Geschichte erzählte: Seit neun Jahren versucht er, in Europa Fuß zu fassen. Die Abschiebungshaft wurde verhängt, weil er sich unerlaubt auf der Reise durch Deutschland befand. Diese Reise aber kam folgendermaßen zustande: Bereits fünfmal wurde er nach Holland zurückgeschoben. Jedes Mal wenn er nach Holland zurückkam, wurde er dort in Abschiebungshaft genommen. Die Abschiebung in sein Herkunftsland ist mangels Papieren nicht möglich. Nach einigen Monaten lassen sie ihn dann frei und legen ihm auf, das Land binnen weniger Tage zu verlassen. Wo soll er dann ohne Ausweis hin? Von Holland kann man nach Belgien oder Luxemburg, Frankreich oder Deutschland und mit viel Glück auf dem Seeweg nach Großbritannien. Deutschland schiebt ihn jetzt auch wieder nach Holland zurück, wenn die Behörden dort zugestimmt haben. Holland ist für ihn zuständig. Dort hat er seinen ersten Asylantrag gestellt. Es fehlt nicht viel und der Betroffene beginnt zu weinen.

Seit dem Jahr 2003 hat sich die Situation in der Abschiebungshaft erneut geändert. Wurden 2003 immerhin noch 46 Prozent der Abschiebungshäftlinge in ihr Herkunftsland gebracht, so waren dies bis Oktober 2007 nur rund 25 Prozent. Fast 60 Prozent wurden in ein Drittland innerhalb Europas zurückgeschoben. Die Zahlen stammen aus Schleswig – Holstein. Der Trend zeigt jedoch überall in die gleiche Richtung.

In einem Jahr werden allein von Deutschland rund 5000 Übernahme-Ersuchen an andere europäische Länder gerichtet, rund ebenso viele richten die anderen an Deutschland. Nur rund 60 Prozent sind durch das europäische Datensystem für Asylbewerber identifizierbar. („Eurodac-Treffer"). Das bedeutet nicht, dass die restlichen 40 Prozent nicht ebenfalls schon länger in Europa unterwegs wären. Sie haben nur bisher keinen Asylantrag gestellt. Warum dennoch in ihren Fällen Übernahme - Ersuchen gestellt werden, lässt sich nur aus dem jeweiligen Einzelfall erklären. Bis zur Klärung des Übernahmeersuchens wird Abschiebungshaft die Zwischenstation.

Wenn man die Zahlen hochrechnet, könnten in Europa jährlich zwischen zwanzig- und fünfzigtausend Menschen (überwiegend Männer) unter dem Signum der irregulären Migration hin- und hertransportiert werden. Die Inhaftierung wird mit Sicherheit und Ordnung begründet, von den Polizeien oder den Ausländerämtern beantragt und von Gerichten verhängt bzw. verlängert. Nimmt man die untere Zahl der Schätzung, fallen bei einer durchschnittlichen Haftdauer von 30 Tagen 600.000 Hafttage im Jahr an. In Deutschland kostet ein Hafttag rund neunzig Euro. Ähnlich wird es sich im übrigen Europa verhalten. So kommen allein an Haftkosten jährlich 54.000.000 Euro zusammen. Nach deutschem Recht müssen die Betroffenen die Kosten in voller Höhe bezahlen, jedenfalls erhalten sie eine Rechnung. Ein Inder kam zum Beispiel einst auf die stolze Summe von 35.000 Euro, fällig vor Verhandlungen über eine Wiedereinreise zum Besuch bei seinem Sohn.

In der Europäischen Union genießen EU-Europäer mit wenigen Einschränkungen Freizügigkeit. Für irreguläre Migranten gilt diese Regelung natürlich nicht. Falls sie sich in ein anderes Land aufmachen und dort bei Kontrollen „erwischt" werden, steht ein bürokratisches Monster zu ihrer Behandlung bereit. Die europäischen Länder gönnen sich eine umständliche offizielle Anfrage beim Nachbarn, der sich zur Beantwortung Wochen bis Monate Zeit lässt. Dieses Verfahren haben die Länder der EU in den Verträgen von Schengen und Dublin vereinbart. Es gilt auch dann, wenn durch einen Asylausweis, wie er beispielsweise in Skandinavien ausgegeben wird, die Zuordnung per Lichtbild nicht eindeutiger sein kann und eine gültige Fahrkarte vorhanden ist. Da Betroffene wahrscheinlich nach einer Kontrolle und vorläufigen Festnahme nicht freiwillig wochenlang warten würden, bis sie wieder einreisen können, verbringen sie die Zeit bis zur Antwort des zuständigen Landes in Haft. Die wahrscheinlichste Variante wäre vermutlich, dass die irregulär Reisenden einfach wieder in das zuständige Land zurückkehren, wenn man sie frei ließe. Vielleicht würden sie auch einen Asylantrag stellen und kämen dann in einer Unterkunft unter. Allerdings werden ohnehin nur 0,9 Prozent aller Anträge positiv beschieden. Einige Prozente erhalten Abschiebungsschutz, was ihr Los nicht gerade erleichtert.

Nicht alle Länder haben die Dauer der Abschiebungshaft begrenzt. Deutschland liegt mit der Obergrenze von 18 Monaten, die praktisch nie erreicht wird, weit vorne. Im Gegensatz dazu kann man in Frankreich nur 32 Tage inhaftiert werden, bei Bedarf aber auch mehrmals hintereinander. In England, Schweden und den Niederlanden könnte die Abschiebungshaft theoretisch jahrelang dauern. Praktisch wird auch in diesen Ländern ein Jahr selten überschritten. Die jeweilige Höchstdauer der Haft gilt nur national. Daher kann jemand in Deutschland 6 Monate, in Frankreich wiederholt 32 Tage, in den Niederlanden sechs Monate, in Belgien oder der Schweiz jeweils vier Monate inhaftiert sein, je nachdem, wo er irregulär unterwegs ist. Fälle dieser Art werden häufiger. Europa schafft sich eine Abschiebungshaftbevölkerung mit staatlichem Zwischentransport.

Es entsteht der Eindruck, als nähmen die Staaten Europas ihre Zuständigkeiten nur widerwillig wahr. Die Abschiebungshäftlinge erzählen immer häufiger, dass sie in einem Nachbarland zur Ausreise aufgefordert wurden, weil sie nicht abgeschoben werden können. Das ist gleichbedeutend mit gestrichener Unterstützung und Wohnung. Den Betroffenen bleibt dann nichts weiter übrig als irgendwohin zu gehen, wo sie vielleicht zunächst nicht erkannt werden. Technisch gesprochen macht das Land, das so handelt, die Menschen illegal, indem sie ihnen Unmögliches abverlangt. Wer Pech hat, bekommt wegen illegaler Einreise irgendwo in Europa noch eine Haftstrafe ausgesprochen.

Eine eigene Rückkehr in das Herkunftsland ist bei den irregulären Migranten so einfach nicht möglich. Viele sind mit falschen Papieren unterwegs gewesen, die sie gegen viel Geld erstanden haben. Das Geld war geliehen oder es waren die Ersparnisse der Familie, die verwendet wurden. Großes Risiko enthielt der Transport per Lastwagen, per untauglichem Boot oder in wenigen Fällen gegen horrende Summen der geschleuste Weg per Flugzeug über Südafrika, den Jemen oder andere Staaten mit „Westanschluss".

Mag man den irregulären Migranten vorwerfen, ihre Migrationsversuche seien von Anfang an nicht in Ordnung oder sogar eine Art abweichenden Verhaltens unter Umgehung der regulären Voraussetzungen von Migration in ein „Wunschland" – ihre Behandlung durch die europäischen Bürokratien zeigt Züge einer „bürokratischen Verwahrlosung". Diese festigt einen Zustand, den es eigentlich nicht geben dürfte. Sie verwaltet irreguläre Aufenthalte durch Hin- und Herschieben der Betroffenen und befestigt damit den Status „illegal" ohne eine Lösung anzustreben. Jahrelang sind die meist jungen Männer so in Europa auf Staatskosten unterwegs. Damit werden sie zwar daran gehindert, effektiv in die Sozialsysteme einzuwandern, kosten aber weitaus mehr als Objekte der verwahrlosenden Verwaltung. Die für Haft ausgegebenen Millionen wären für Betreuungsdienste mit Schulung und Ausbildung sehr viel besser angelegt. Wer sich die Geschichte der verwahrlosenden Bürokratie Europa ansieht, die Tradition von Milchseen, Weinseen und Butterbergen, bekommt eine Ahnung, was mit irregulären Migranten auf die Dauer geschehen könnte. Soll das nicht passieren, müssen die Länder ihre Zuständigkeit zur Problemlösung nutzen statt zur vermeidenden Verwaltung des Problems. Die Problemlösung kann nur in flexiblen Formen des Aufenthalts mit Bildungsangeboten und der Option der Rückkehr bestehen.

Bei Gesprächen in den Ausländerämtern bis hin zu den verantwortlichen Abteilungen der Innenministerien verweisen diese auch hier in Schleswig – Holstein auf die Gesetzeslage. Im Bundesamt für Migration ist das Problem als solches bisher nicht erkannt, wobei dieses Amt für die Aufenthaltsbeendigung auch nicht zuständig ist. In der Tat ist es nicht Aufgabe der Verwaltungen, problematische Folgen ihrer durch Gesetze und Verordnungen vorgeschriebenen Tätigkeit zu bedenken oder gar zu verhindern. Verwaltung schiebt ab, so oft dies nach dem Gesetz notwendig erscheint. Dabei spielt wie bei anderen Verwaltungshandlungen auch die Verhältnismäßigkeit der Folgen für die Betroffenen keine Rolle. Das Problem der Verwaltung ist die Aufrechterhaltung der Ordnung oder ihre Wiederherstellung bei ihrer Verletzung. Problematische Folgen zu bedenken ist Aufgabe der Politik, wenn sie denn das Problem kennt und als solches wahrnimmt. Verwaltungen könnten selbst bei genauer Kenntnis unhaltbarer Folgen nur schwer anders handeln als vorgeschrieben. Sie müssten allenfalls die politische Ebene zu einer Änderung der Gesetze und Vorschriften bewegen. Ihrerseits die Öffentlichkeit zu unterrichten, ist aufgrund der nachgeordneten Funktion der Verwaltungen zumindest nicht ihre Aufgabe und durch Verschwiegenheitsregelungen ohnehin kaum möglich. Sicher ist es jedoch auch nicht der politische Sinn der

Dublin – Verträge, einen europäischen Kreisverkehr dieser Art in Gang zu setzen.

Die Zentrale der Bundespolizei in Koblenz wies zur Beantwortung der Frage der Abschiebungen nach Europa auf die Antwort der Bundesregierung auf eine Kleine Anfrage der Abgeordneten Jelpke, Dagdelen und Dr. Keskin vom 20.3. 2007 hin[3]. Wie viele Abschiebungen in Drittländer erfolgten geht danach aus keiner Statistik hervor.[4] Ein Hinweis könnte in einer Aufstellung zu den Abschiebungen 2006 vorliegen. Hier werden 2640 Abschiebungen in EU-Länder aufgeführt. Da die Zahlen nicht kommentiert werden, ist jedoch nicht einmal klar, ob die Abschiebungen nicht auch verurteilte Straftäter umfassen.

Werden jedoch die Probleme der Hin- und Herschiebungen nicht erkannt und gelöst, bedarf es keiner großen Fantasie, um sich auszumalen, welche Wirkung ein Dauerzustand dieser Art entwickeln könnte. Die Betroffenen bleiben entweder nahezu dauernd in irgendeinem Land in Haft. Damit würde Europa sich neben den Gefängnispopulationen von verurteilten Straftätern eine weitere mit irregulären Migranten schaffen. Oder sie sind wegen mangelnder Kontrolldichte in Europa unterwegs und für jede Art des missbraucht Werdens gegen ein wenig Geld leicht benutzbar.

Bleibt die Frage, warum Migranten durch Europa reisen, wenn sie nicht etwa die Ausweisung und Abschiebung nach abgelehntem Asylantrag befürchten oder bereits ausreisepflichtig sind. Immer wieder werden als Motive Verwandtenbesuche genannt. Fast jeder hat in Europa einen oder mehrere Verwandte mit Aufenthaltsstatus oder als Staatsbürger, manchmal auch in verschiedenen Ländern. Der wahre Grund des geplanten Besuchs dürfte aber die Hoffnung sein, dass eben diese Verwandtschaft dann doch etwas für die Befestigung des eigenen Aufenthalts tun könnte. In einigen Fällen wird die Reise auch vom Heiratsmarkt gesteuert. Mehrere Betroffene erzählten, sie seien verreist, um eine Frau kennen zu lernen, die zum Heiraten bereit sei. Für den Abschluss der Verhandlungen mit dem Vater oder anderen männlichen Verwandten dieser Frau müsse man persönlich anwesend sein. Und zum Heiraten natürlich auch. Die Heirat könnte dann ein Aufenthaltsrecht begründen. Damit wäre dann die Unsicherheit endlich beseitigt.

---

[3] Deutscher Bundestag, 16. Wahlperiode, Drucksache 16/4724 vom 20.3. 2007.

[4] A.a.O., 3.

Die irregulären Reisen dienen genau wie die Ausreise aus ihrem Herkunftsland den Versuchen, dem abweichenden Verhalten ein positives Ende zu verschaffen. Verstehen kann man das. Wer will schon als total gescheiterter irregulärer Migrant enden, über den sie auch zu Hause nur den Kopf schütteln? Und wer geht schon freiwillig in unsichere Verhältnisse zurück, wenn er es irgendwie vermeiden kann?

Manchen treiben auch Geschichten an, wie sie ein algerischer Abschiebungshäftling erzählte: Ein Algerier reiste nach jeder Abschiebung wieder nach England und landete zuständigkeitshalber immer in derselben Gemeinde. Nach der elften Einreise fragte ihn der Bürgermeister, was er denn überhaupt wolle. „In England bleiben", war die Antwort. Da gab ihm der Bürgermeister die englische Staatsbürgerschaft.

Wer das Neue Testament kennt, erinnert sich bei dieser Geschichte an Lukas 16,1-8:

Er sprach aber auch zu den Jüngern: Es war ein reicher Mann, der hatte einen Verwalter; der wurde bei ihm beschuldigt, er verschleudere ihm seinen Besitz.
2 Und er ließ ihn rufen und sprach zu ihm: Was höre ich da von dir? Gib Rechenschaft über deine Verwaltung; denn du kannst hinfort nicht Verwalter sein.
3 Da sprach der Verwalter bei sich selbst: Was soll ich tun? Mein Herr nimmt mir das Amt; graben kann ich nicht, auch schäme ich mich zu betteln.
4 Ich weiß, was ich tun will, damit sie mich in ihre Häuser aufnehmen, wenn ich von dem Amt abgesetzt werde.
5 Und er rief zu sich die Schuldner seines Herrn, einen jeden für sich, und sprach zu dem ersten: Wie viel bist du meinem Herrn schuldig?
6 Der sprach: Hundert Fass Öl. Und er sprach zu ihm: Nimm deinen Schuldschein, setz dich hin und schreib flugs fünfzig.
7 Danach sprach er zu dem zweiten: Du aber, wie viel bist du schuldig? Der sprach: Hundert Sack Weizen. Er sprach zu ihm: Nimm deinen Schuldschein und schreib achtzig.
8 Und der Herr lobte den ungerechten Verwalter, weil er klug gehandelt hatte. Denn die Kinder dieser Welt sind unter ihresgleichen klüger als die Kinder des Lichts.

Schlechte Nachrichten? – Gute Nachrichten

„Es kommt ein Jahr der schlechten Nachrichten." Schlechte Nachrichten für wen? Die Wirtschaftskrise beherrscht die Politik (und uns alle?). Wo noch vor einem Jahr von einer kleinen Delle im Aufschwung die Rede war, herrscht nun Panik und Unsicherheit. Wir haben gelernt, dass die großen Experten keine sind. Zumindest wussten sie auch nicht mehr als andere. Ja, sie versuchten, uns beizubringen, die Vorstellung von einem Zusammenhang von Arbeit und Lohn sei alt. Geld könne Geld erzeugen und Arbeit sei anderswo ‚sozial unschädlich' zum Schleuderpreis zu haben. Zudem sei der soziale Ausgleich ein Ammenmärchen. Menschen seien bloße Kostenfaktoren. Wem darf man nun glauben, wenn die Meinungsmacher ihre Ansichten über die „Wahrheiten" wie ein Hemd wechseln?

Plötzlich soll der bloße Kostenfaktor das Geld für die Rettung von todsicheren und renditestarken Geldgeschäften herbeizaubern. Im Gefängnis weiß jeder von je her, dass man mit ‚todsicheren und renditestarken Tipps' ganz vorsichtig umgehen muss. Sie bedrohen das Vertrauen. - Vertrauen, wenn es um Wissen und Expertentum geht? Es wird immer deutlicher, dass das so genannte „Wissen" im Grunde ein Glauben ist. Glauben und Vertrauen hängen untrennbar zusammen. Daher geht es auch beim „Wissen" ums Vertrauen. Glauben und Vertrauen, davon leben wir. Im neuen Jahr wird es wie immer darum gehen, sich mit dem kritisch auseinanderzusetzen, was wir glauben und wem wir vertrauen.

Dabei hilft die Jahreslosung für 2009: „Was bei den Menschen unmöglich ist, ist bei Gott möglich!" (Lukas 18,27) Wir leben vom Glauben. Wir handeln nach dem, was wir glauben und wir folgen dem, dem wir vertrauen. Diese Erkenntnis kam aus dem Krisenjahr gestärkt hervor. Wer auf Gott vertraut, kann die Propheten der jeweiligen Wahrheiten etwas kritischer beurteilen und muss nicht blind jedem Trend folgen. Bei Gott sind neue Anfänge möglich, wo die „schlechten Nachrichten" das Regiment zu führen scheinen. Da kann eine schlechte Nachricht nur Ansporn sein, sich neue Gedanken und Anfänge zu erarbeiten. Bei Gott scheint es möglich, dass Menschen nicht nach ihren Renditen, sondern als Menschen geachtet werden. Darauf aufzubauen, kann den schlechten Nachrichten einen Widerstand entgegensetzen. Was wir als Individuen glauben und wem wir uns damit anvertrauen, das wird auch über die Tage des neuen Jahres entscheiden.

Den Glaubensvorstellungen, die das eigene Leben leiten, sollten alle viel Aufmerksamkeit schenken, um nicht den falschen Götzen mit den ‚todsicheren Tipps' auf den Leim zu gehen. Unsere Zeit hat deutlich herausgearbeitet, dass jeder Mensch auch für diese, seine „Wahrheiten" verantwortlich ist. Dadurch übernimmt er oder sie auch Verantwortung für sich und das Ganze. Wenn alle nur an die Krise glauben wie vorher an das Geld, woher sollte der Neuanfang kommen?

Kirill und der Überfall auf die Ukraine

Es gibt eine einerseits unerhörte, andererseits aus der Führung der russisch –orthodoxen Kirche nach bisheriger Erfahrung zu erwartende, quasi offizielle Äußerung zum Überfall auf die Ukraine. Patriarch Kirill stärkt doch in der Tat „seinem" Präsidenten den Rücken und stützt das aggressive todbringende Lügengebäude. Vor dem Überfall hatte er bereits die russischen Streitkräfte christlich verbrämt: *„Am Vorabend der Invasion lobte der Patriarch gegenüber Putin die Kühnheit, den Mut und die Opferbereitschaft all jener, die die Wehrhaftigkeit und die nationale Sicherheit des Vaterlands durch ihren Dienst in der Truppe stärkten. Der Patriarch ließ wissen, dass die russisch-orthodoxe Kirche im Kriegsdienst eine Bekundung von „Nächstenliebe nach dem Evangelium" erblicke und ein Beispiel der Treue zu den hohen sittlichen Idealen des Wahren und Guten."* Der Metropolit von Kiew weist das zurück und spricht – zurecht - von Brudermord. *(Kerstin Holm, Frankfurter Allgemeine vom 26.02.2022)* Da können Christen auf der Welt kaum schweigen. Denn es widerspricht allem, was mit dem christlichen Glauben zu tun hat. Patriarch Kirill hat unter anderem in einer Predigt gesagt, dass man Frieden zwischen den Völkern bewahren müsse, um dann die Feinde von außen für den Unfrieden verantwortlich zu machen, den allein der Präsident Russlands durch brutale Überfälle auf die Krim, das Separatistengebiet und jetzt auf die ganze Ukraine verursacht hat. Eigentlich geht es jetzt um Hilfe und Schutz für die Betroffenen. Dass dadurch jedoch theologische Fehlleistungen unbemerkt durchkommen, wäre nicht zu rechtfertigen.

„Wir müssen alles tun, um den Frieden zwischen unseren Völkern zu bewahren und gleichzeitig unsere gemeinsame historische Heimat vor all den Aktionen von außen zu schützen, die diese Einheit zerstören können", betonte Patriarch Kirill. Er warnte die Gläubigen vor „dunklen Kräfte von außen", die sich über Russland „lustig machen" könnten." Die Kräfte des Bösen seien die ukrainischen Soldaten. Das war im Deutschlandfunk am 27.02.2022 zu hören oder zu lesen. Man fasst sich an den Kopf und fragt sich, ob es sich vielleicht um eine der beliebten Verschwörungstheorien handeln könnte. Oder lebt der Patriarch im vorletzten Jahrhundert und hat sich mal kurz in die Jetztzeit verirrt? Er legitimiert den Überfall auf die Ukraine mit längst vergangen geglaubten religiösen oder theologischen Anmutungen. Im

Hintergrund steht auch die orthodoxe Spaltung zwischen den Kirchen der Ukraine und Russlands.

Wenn aus dem Munde eines Kirchenoberen heute derartige Töne kommen, die im Überfall angegriffenen Soldaten eines souveränen Staates als Kräfte des Bösen zu bezeichnen, dann haben wir es aber nicht mit Religion, sondern mit einer Verschwörungstheorie zu tun. Er stimmt damit dem Weltbild Wladimir Putins zu. Das Böse muss überall auf der Welt abgewehrt werden. Wer es bekämpft, übt im Namen Gottes legitime Gewalt aus und dient Gott. So wäre also Wladimir Putin ein herausragender Diener Gottes als Vorkämpfer gegen das Reich des Bösen. Ich will nicht so weit gehen, dass das Gegenteil der Fall ist. Das wäre der Ehre für brachiale Machtausübung zu viel.

Dass aber ein europäischer Christ dieser Argumentationslinie folgt, muss alle Christen erschrecken. Theologen müssen dieser Position mit aller Entschiedenheit widersprechen. Sie als lächerlich abzutun oder durch Verschweigen zum Erliegen bringen zu wollen, reicht in diesem Fall nicht. Im neunzehnten Jahrhundert mag eine solche Denk-und Glaubensweise noch weit verbreitet gewesen sein. Im zwanzigsten Jahrhundert hat sie das Unheil begleitet, wie man von Emmanuel Hirsch und Paul Althaus weiß. Die waren allerdings keine Kirchenleitungen, sondern Professoren. Die deutschen Christen dagegen, wenn auch schon Ende des 19. Jahrhunderts entstanden, waren mit den Zielen des Nationalsozialismus einig. Nicht umsonst sagt Michael Butter in seiner Untersuchung vorsichtig zu den Verschwörungstheorien, er sei „der festen Überzeugung, dass Verschwörungstheorien einem adäquaten Verständnis der Wirklichkeit im Wege stehen. Das ist kein Alleinstellungsmerkmal des Konspirationismus – das Gleiche gilt aus meiner Perspektive zum Beispiel auch für Religionen." (Nichts ist, wie es scheint, Suhrkamp Verlag, 221f.)

Wollen wir wirklich als Christen Gemeinschaft mit jemand haben, der von einer derartigen Russlandidee fabuliert und gar noch in der jetzigen Lage das überfallene Land als Bedrohung wahrnimmt? Es ist wohl wahr, dass in unserem Glauben niemand völlig verloren gegeben wird. Dann aber müssen seine Schwestern und Brüder ihm ins Wort fallen, damit er seinen Irrtum bemerkt und seine Wahrnehmung auf Realität umstellen kann. In der Ukraine – Katastrophe ist weder der Böse noch ein Werkzeug des Bösen in Aktion. Es ist ein Staatspräsident mit allen, die ihm zustimmen und ihn unterstützen. Er allein verdreht die Wahrheit und führt sein Land mitsamt seinem Nachbarn in einen Abgrund von Lüge, Täuschung, Unwahrheit, Elend und Tod.

Alle, die sich ihm vorsichtig in den Weg stellten, ihn zur Besinnung bringen wollten, hat er ausgelacht, vorgeführt und zum Narren gehalten. Es ist ein Mensch, der solches fertigbringt. Kann man ihm helfen? Ich will doch lieber nicht mit Martin Luthers deftigem Vergleich folgen: „Gleich als wenn man einen tollen Hund totschlagen muss. Schlägst du nicht, so schlägt er dich und ein ganzes Land mit dir." (Wider die räuberischen und mörderischen Rotten der Bauern, 1525) Er legt es offenbar selbst darauf an, die Ukrainer zu töten und die ganze Welt gegen sich aufzubringen. In dieser Situation muss man seinem Patriarchen eindeutig widersprechen. Er desavouiert das gesamte Christentum noch mehr als der kirchliche Missbrauch. Es ist zu hoffen, dass er seinen fatalen Irrtum erkennen und aus der Welt schaffen kann. Einen derartigen Tiefschlag aus den eigenen Reihen hat der christliche Glaube trotz all seiner Probleme nicht verdient. Wieviel Reputationsverlust will der Patriarch von Moskau dem organisierten Christentum noch beibringen?

Zum Glück ist das Gebot der Nächstenliebe inzwischen soweit säkularisiert, dass solche theologischen Tiefschläge Hilfe und Solidarität nicht behindern. Den christlichen Inhalt „Nächstenliebe" verwirklichen viele helfende Hände in der katastrophalen Situation der Ukraine und auch sonst in der Welt – groben theologischen Fehltritten zum Trotz.